श्वास

प्रेम रावत की अन्य किताब

स्वयं की आवाज़

श्वास

जीवन के प्रति जागरूक हों!

प्रेम रावत

चित्रांकन: अकिको कुनिसू

हार्पर
हिन्दी

प्रथम प्रकाशन 2025
हार्पर हिन्दी
(हार्परकॉलिंस *पब्लिशर्स* इंडिया) द्वारा प्रकाशित
4th फ्लोर, टावर A, बिल्डिंग नं. 10, डीएलएफ साइबर सिटी,
डीएलएफ फेज II, गुरुग्राम, हरियाणा – 122002, भारत
www.harpercollins.co.in

P-ISBN: 978-93-6213-469-1
E-ISBN: 978-93-6213-960-3

10 9 8 7 6 5 4 3 2

टाइपसेटिंग : हार्परकॉलिंस *पब्लिशर्स* इंडिया प्राइवेट लिमिटेड
मुद्रक: रेप्लिका प्रेस प्रा. लि, भारत

HarperCollins *Publishers*, Macken House, 39/40 Mayor Street Upper,
Dublin 1, D01 C9W8, Ireland

डेविड पासेज की स्मृति में,
जिन्होंने ये किताब लिखने की प्रेरणा दी

श्वास

प्रस्तावना

अक्सर कहा जाता है कि हज़ारों मील की यात्रा पहले कदम से शुरू होती है। उसी तरह हमारे जीवन में भी, हर इन्सान की यात्रा पहली श्वास से शुरू होती है।

हम पूरे जीवन भर हमेशा श्वास लेते रहेंगे और अन्त में, एक आखिरी श्वास आएगी जिसके बाद हम इस दुनिया में नहीं रहेंगे। लेकिन जीवन सिर्फ उन्हीं चीज़ों से तय नहीं होता जो हम करते हैं, बल्कि यह उन सभी चीज़ों पर आधारित होता है जिन्हें हम सीखते हैं और अपने हृदय में संजोते रहते हैं।

यह समझना कितना ज़रूरी है कि श्वास वास्तव में एक उपहार है। यह बहुत ही महत्वपूर्ण है, लेकिन लोग इस श्वास को अनदेखा करते हैं, फिर भी यह एक ऐसी चीज़ है जिसे हमें नज़र-अंदाज़ नहीं करना चाहिए। हमें इसकी सुंदरता को देखने की ज़रूरत है।

हमें इसकी प्रशंसा करनी चाहिए। हमारी परिस्थितियों से हटकर, एक संभावना है कि हम जीवित हैं और यह जीवन इस श्वास की वजह से ही संभव हुआ है, जो अंदर आ रही है और बाहर जा रही है।

बहुत से लोगों ने यह समझने की कोशिश की है कि इस जीवन का क्या मतलब है, लेकिन आपको यह महसूस करना होगा कि जीवन क्या है। आप जीवन को यूँ ही कोई अर्थ या अपने मन मुताबिक परिभाषा नहीं दे सकते, बल्कि आपको यह अनुभव करना होगा कि यह क्या है।

हर दिन जीवित रहना कैसा लगता है? इस जीवन के उस मोड़ पर होना जहाँ एक तरफ हमारे आसपास की हर चीज़ हमें तबाह करने की कोशिश कर रही है, वहीं दूसरी तरफ यह श्वास ही है जो हमारे साथ रहकर, जीवन जैसी सबसे खूबसूरत चीज़ को संभव बना रही है।

अभी हम जीवित हैं, और ऐसा ज़रूर होगा कि एक दिन हम चले जाएंगे। एक दीवार वो है जिससे होकर हम आये हैं और एक वो

दीवार है जिससे हम जायेंगे, इन दोनों दीवारों के बीच की दूरी ही हमारा जीवन है।

आप कोई भी हो सकते हैं। आप कोई भी हो सकते थे, और आप जो कोई भी थे या जो कुछ भी बनना चाहते हैं उसकी बहुत बड़ी संभावना हो सकती है, लेकिन आप यह कभी नहीं भूल सकते कि यह सब इस श्वास की कृपा से ही संभव होगा।

यह पुस्तक बहुत ही सुंदर तरीके से, इस मूल्यवान श्वास के बारे में याद दिलाने और उसके प्रति हमारी समझ को स्पष्ट करने का प्रयास करती है। और वास्तव में एक तरह से, यह हमारे अपने अस्तित्व की ओर इशारा करती है। आपका, मेरा, हम सबका जीवित होना।

चूँकि हम जीवित हैं, इसलिए हमारे सामने ढेरों संभावनाएँ खुलती हैं। कुछ अच्छी होती हैं, कुछ बुरी, लेकिन संभावनाएँ खुलती हैं। यह हम पर निर्भर करता है कि हम किसे स्वीकार करते हैं। या तो हमारे जीवन में जो अच्छी

संभावनाएँ हैं, उन्हें स्वीकार करके हम आगे बढ़ते हैं, या गलतियाँ करते हैं और उनसे कभी नहीं सीखते हैं। यह भी एक संभावना है लेकिन यह सुखद नहीं है।

जीवन के इस अद्भुत चमत्कार के प्रति जागरूक होना, वो सबसे सुन्दर चीज़ है जो हम कर सकते हैं।

मैं सचमुच यह आशा करता हूं कि यह पुस्तक आपके अन्दर, आपके हृदय में एक संदेश जगायेगी, जिससे आप ऐसा कुछ सीखेंगे जो बहुत ही मूल्यवान है, जिसे अनादि काल से, युगों-युगों से, हमसे पहले अनेक व्यक्तियों द्वारा बताया गया है, और संभवतः हमारे बाद भी अनेक लोगों द्वारा बताया जाएगा।

जब तक आप जीवित हैं, आपके पास यह एक सुन्दर अवसर है।

धन्यवाद!

प्रेम रावत

एक श्वास अंदर आती है, एक श्वास बाहर जाती है, और आप खुद को जीवित पाते हैं। आप जो महसूस कर सकते हैं, उसका दायरा अनन्त है। यह हृदय की दुनिया है।

विषय-सूची

भूमिका

इतिहास में अनेक लेखकों ने बताया है कि श्वास कितनी महत्वपूर्ण है, यह मनुष्य के जीवन के लिए एक बुनियादी चीज़ है। उन्होंने श्वास को एक उपहार के रूप में व्यक्त किया है। लेकिन क्या आज उनकी बातों को समझा जाता है?

श्वास एक उपहार है जो इस धरती पर रहने वाले हर इन्सान को मिला है। हमारी राय और विचार अलग-अलग हो सकते हैं। हमारी वेशभूषा, कार्यशैली और हमारी संस्कृतियाँ अलग-अलग हो सकती हैं। लेकिन हम सभी श्वास लेते हैं। श्वास से जीवन शुरू होता है, यह जीवन को बनाए रखती है, और जब यह बंद हो जाती है तो यह जीवन भी समाप्त हो जाता है।

श्वास हममें से हर एक के लिए एक मौन संदेश है: "जागो! जीवन के लिए जागो!" अब तक आप केवल अपनी दुनिया, अपनी जिम्मेदारियों और अपने सपनों के लिए ही जागे हैं।

लेकिन आप अभी तक जीवन के लिए जागरूक नहीं हुए हैं। यह एक अलग ही कदम है। जब आप जीवन के लिए जागरूक होते हैं, तो आप समझते हैं कि आप कौन हैं। आप समझते हैं कि दूसरे कौन हैं और वे आपसे बिल्कुल भी अलग नहीं हैं।

तब आप समझते हैं कि शांति क्या है और आपके जीवन में शांति का क्या महत्व है।

1

श्वास क्या है?

1. पहली और आखिरी श्वास

जब आप अपनी माँ के गर्भ से बाहर आए, तो चर्चा इस बारे में नहीं हो रही थी कि आप लड़के हैं या लड़की। क्या आपको पता है कि उस पहले पल में सभी के दिमाग़ में क्या चल रहा था? “क्या यह सांस ले रहा है?”

उस कमरे में मौजूद हर किसी की धड़कन उस समय सचमुच थम सी जाती है, जब बच्चे का शरीर बाहर आता है – नीला, चिपचिपा, बहुत सुंदर नहीं – तब तक, जब तक कि वे उस बच्चे की पहली श्वास सुन नहीं लेते – “वां,वां!”

लेकिन क्या आप जानते हैं कि पहली श्वास कहां से शुरू हुई? अंदर से! बाहर से नहीं। बाहर जाने को कुछ नहीं था। पहली श्वास अंदर आती है। और फिर सभी लोग राहत की सांस लेते हैं।

पहली श्वास के तुरंत बाद, बच्चे का रंग नीले से गुलाबी हो जाता है। अब बच्चा जीवित है।

अब सीधे जीवन के आखिरी समय में चलते हैं। अंत में फिर से, वही शरीर है। उस समय हर कोई बहुत चुप एवं शांत रहता है। वे किसका इंतज़ार कर रहे हैं? आपकी आखिरी श्वास का, जो अंत में बाहर तो जाती है परन्तु फिर वापस नहीं आती।

यह ऐसा है जैसे अगर आपको अस्पताल में मॉनिटर से जोड़ दिया जाए और मॉनिटर से, "बीप की आवाज़ आती है, जिसका मतलब है कि आप मर गए," लेकिन आप अभी भी सांस ले रहे हैं तो आपको क्या लगता है कि डॉक्टर किसे मारेगा? आपको या मॉनिटर को?

डॉक्टर आपको मारते हुए यह नहीं कहेगा, "बेवकूफ, तुम मर गए! देखो, मॉनिटर तो ऐसा ही बता रहा है!"

डॉक्टर मॉनिटर को मारेगा। "बेवकूफ मॉनिटर! तुम झूठ बोल रहे हो। तुम खराब हो गए हो, क्योंकि वह तो अभी भी सांस ले रहा है।"

आपका श्वास लेना ही आपके जीवन का प्रमाण पत्र है।

असली क्या है? असली यह श्वास है जो आपके अंदर आती है। यह आपका अस्तित्व है।

जिस दिन आपने पहली सांस ली, असफलता की सारी संभावनाएँ खत्म हो गईं। आप सफल हो गये थे। जब तक सांस आपके अंदर आती रहेगी, आप सफल हैं। और वो श्वास जो अभी-अभी आई, वो है सफलता! क्या आप इस बात को समझते हैं? जीवित होना ही सफलता है!

आपकी श्वास मुफ्त में आती है और जीवन का उपहार लेकर आती है। फिर श्वास बाहर चली जाती है ताकि यह दोबारा आ सके। यह छोटी-सी हरकत

लगातार चलती रहती है। यह हलचल चुपचाप होती रहती है। कोई निर्णय लेने की ज़रूरत नहीं। हर दिन, हर रात। यही आपका पूरा ब्रह्माण्ड है। श्वास के आने और जाने के बीच में ही आपका सम्पूर्ण ब्रह्माण्ड है।

एक दिन, श्वास बाहर चली जाएगी और वापस नहीं आएगी। यह अद्भुत है। है न? जो बाहर चली जाती है और वापस नहीं आती, वह आखिरी श्वास होती है। यह वापस नहीं आती। फिर कभी भी वापस नहीं आती। आपका ब्रह्माण्ड, उसी पल समाप्त हो जाता है।

बहुत से लोगों के लिए मौत को चुनौती देना रोमांचकारी होता है। दरअसल, जब भी आप सांस लेते हैं, आप मौत को चुनौती देते हैं। आपको बंजी जंपिंग करने की कोई ज़रूरत नहीं है। जब भी श्वास मेरे अंदर आती है, बंजी जंपिंग होती है। क्या आप श्वास की ताक़त को देख रहे हैं?

किसी ने मुझे एक पत्र भेजा – उनके साथ एक हादसा हुआ और उन्होंने एक लाइन में लिखा कि उन्हें अब जीवित रहने का कोई उद्देश्य नहीं दिखता। मेरा कहना है कि हो सकता है आप कोई उद्देश्य नहीं देख रहे हों, लेकिन निश्चिन्त रहें कि यदि श्वास आपके अंदर आ रही है तो आपके पास एक उद्देश्य है। अभी हो सकता है आप इसे नहीं देख पा रहे हों। यह आपके लिए स्पष्ट या

अस्पष्ट हो सकता है। लेकिन अगर श्वास आपके अंदर आ रही है तो आपके पास एक उद्देश्य है। यदि यह सुनने के बाद, आप उस उद्देश्य को खोजने की यात्रा पर निकलते हैं तो यह बहुत बढ़िया है। लेकिन आपके पास एक उद्देश्य है। यदि जीवन आपको उद्देश्यहीन लगता है तो आप अपनी श्वास को देखें।

मृत्यु बहुत शक्तिशाली है। यह किसी को नहीं छोड़ती। ग्रहों को भी नहीं, सूर्य या सौरमंडल को भी नहीं। आकाशगंगा को भी नहीं। क्या आप जानते हैं कि मृत्यु को आपसे दूर रखने वाली एकमात्र चीज़ आपकी श्वास है! क्या आपको इसका अंदाज़ा है कि यह कितनी शक्तिशाली है, साथ ही यह कितनी नाज़ुक भी है?

इसकी ताक़त क्या है? यह मौत को दूर रखती है! जब तक श्वास आ रही है, तब तक मौत नहीं आ सकती। और जब यह रुक जाती है, तो इससे कोई फर्क नहीं पड़ता कि आपने अपने जीवन में क्या हासिल किया है, आपके पास कितना पैसा है, आपके कितने दोस्त हैं, आप कितने समर्थ लोगों को जानते हैं, आप कितने ताक़तवर हैं।

हम श्वास पर ध्यान नहीं देते। हम इसे अपने जीवन में एक प्रमुख हिस्से के रूप में तब तक नहीं देखते, जब तक इसके खत्म होने का समय नहीं आने लगता और उसके बाद, श्वास ही हमारे लिए सब कुछ बन जाती है।

आपके पास वह सब कुछ हो सकता है जो आप चाहते थे, बल्कि उससे भी ज्यादा! फिर भी, अगर ये हवा जो हर जगह है श्वास के रूप में, आपके अंदर नहीं आयेगी तो आप खत्म हो जाएंगे। फिर कुछ भी नहीं रहेगा, कुछ भी नहीं!

आपके जीवन का सुरक्षा-कवच श्वास से बना हुआ है। जब आपके बोलने की शक्ति भी चली जाती है, तो श्वास ही एकमात्र ऐसी चीज़ है जो आपके अंदर गूंजती रहती है, और जब यह खत्म हो जाती है, तो यह आखिरी चीज़ होगी जिसे आप जानते हैं।

थोड़ी सी हवा आपके अंदर आती है, आपके लिए कुछ लाती है, फिर चली जाती है, आपके लिए कुछ लाती है, फिर चली जाती है, बार-बार। आपका जीवन कैसे शुरू हुआ? जब पहली श्वास अंदर आयी। आपका जीवन कैसे खत्म होगा? आखिरी श्वास के बाहर जाने से। और इसके अंदर आने और बाहर जाने के बीच एक कहानी है।

कोई समुद्र के बीच में खो गया – एक कहानी है। कोई रेगिस्तान के बीच में खो गया – एक कहानी है। कोई बहुत अमीर था लेकिन फिर उसने सब कुछ खो दिया – यह भी एक कहानी है। एक बेघर व्यक्ति ने लॉटरी जीती – यह भी एक कहानी है।

लेकिन असली कहानी तो वह है जो श्वास के अंदर आने और बाहर जाने के बीच की है। यह एक अद्भुत कहानी है – और यह आपकी कहानी है। यह एकमात्र ऐसी कहानी है जिसे आप जानते हैं, क्योंकि यह आपकी कहानी है। और यह कहानी उस आखिरी श्वास तक जारी रहेगी।

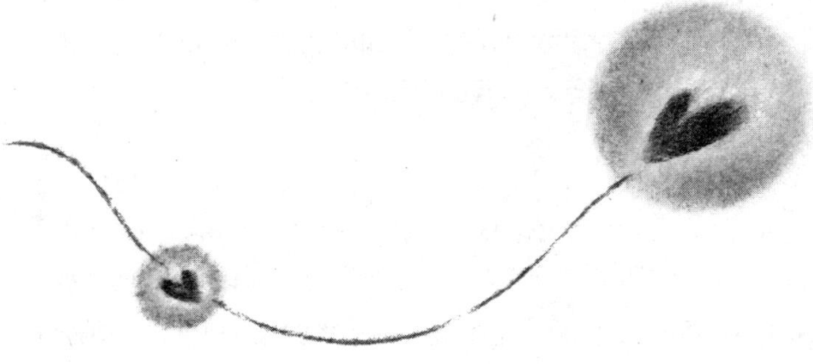

क्योंकि आप जीवित हैं, इसलिए आपको ये साँसें मिल रही हैं। अगर यह श्वास रुक गई तो आप जीवित नहीं रहेंगे। आपके साथ यह व्यवहार किया जाएगा: "इन्हें बाहर निकालो!" अपने ही घर से बाहर निकाल दिया जायेगा।

ऐसे लोग हैं जो कहते हैं, "ओह! कोई भी मुझे मेरे घर से नहीं निकाल सकता। यह मेरा घर है! और मुझे इसकी सुरक्षा करनी है।" आपने ऐसे लोगों के बारे में सुना है ना? और जब यह श्वास चली जाती है: "बाहर निकालो!" तो आपको अपने ही घर से बाहर निकाल दिया जाएगा!

तो, यहाँ क्या हो रहा है? मुझे ऐसा लगता है, पूरी दुनिया कह रही है, "मैं, मैं। मैं हूँ। मैं यह हूँ, मैं वह हूँ।" लेकिन श्वास के बिना कुछ भी नहीं है। हमें इस श्वास की कोई समझ नहीं है। इस बात की कोई समझ नहीं है कि जीवित होने का क्या मतलब है।

सबसे ज्यादा ज़रूरी अंग कौन सा है?

एक बार शरीर के सारे अंगों के बीच में विवाद हुआ कि हम सबमें सबसे ज़रूरी काम किस अंग का है। हर अंग यह दावा करने लगा: "मैं तुमसे बेहतर हूं। मैं तुमसे ज्यादा ज़रूरी हूँ।" तो उन्होंने तय किया कि बारी-बारी हर अंग शरीर को छोड़ेगा और फिर देखा जायेगा कि शरीर कब तक चल पाता है। सबसे पहले हाथ गये, फिर पैर गये, फिर बाजू गये और फिर वे सब वापस आ गये और उन्होंने पूछा कि उनके बिना शरीर का क्या हाल रहा। शरीर ने कहा, "कुछ ख़ास प्रभाव नहीं पड़ा।"

किन्तु जब समय आया श्वास के शरीर को छोड़ने का, अन्य सभी अंगों ने अपनी शक्ति और अपनी चेतना को खोने का अनुभव किया,

और वे सब चिल्लाए, “नहीं-नहीं, कृपया आप मत जाइये! यदि आप चले गए तो हम निश्चित रूप से मर जाएंगे।” अब हम समझते हैं। श्वास निश्चित रूप से शरीर का सबसे जरूरी अंग है।

यह श्वास क्या है? यह कौन सी शक्ति है जिसके बिना कोई भी मानवीय कार्य नहीं हो सकता? यही वह चीज़ है जिसे तुम्हें जानना चाहिए और मैं चाहूंगा कि तुम उसे जानो।

डॉक्टर को बस इतना ही कहना है, "आपकी जिन्दगी के केवल दो महीने बचे हैं।" डॉक्टर के इतना कहते ही आपके ज्ञान-चक्षु खुल जाते हैं, "हे भगवान!"

समझिए कि अभी भी कोई ऐसी चीज़ है जिसने आपको जिंदा रखा है। आपको उसका नाम जानने की ज़रूरत नहीं है। कोई ऐसी चीज़ है जिसने आपको जिंदा रखा है और वो आपके ऊपर उपकार कर रही है। वो आपको एक उपहार दे रही है।

जब जाने का समय आएगा, तब आपको श्वास की कीमत पता चलेगी। आप समझ जाएंगे। लेकिन आप उस समझ से कुछ नहीं कर पाएंगे। और मैं चाहता हूं कि आप अब श्वास की कीमत समझ लें ताकि जब तक आप जीवित हैं, उस समझ का आनन्द ले सकें।

हमारे पास स्कूल, विश्वविद्यालय और बहुत से ऐसे प्रशिक्षण संस्थान हैं जहाँ किसी भाषा को सीखना, बोलना, लिखना और गणित आदि चीज़ें सिखाई जाती हैं। लेकिन इस दुनिया में कोई नहीं सिखाता है कि आप मनुष्य कैसे बनें। कोई भी आपको यह नहीं सिखाता।

आपने अपनी पूरी जिंदगी दूसरों से सम्मान पाने की कोशिश की है। आपने जो कुछ भी किया, वह दूसरों के लिए किया। आप अपने लिए नहीं, बल्कि किसी और के लिए अपनी जिंदगी जीते हैं।

यह श्वास किसके अन्दर आती है? आपके अन्दर! यह आपके अन्दर आती है! क्या आप अपने जीवन का एक मिनट किसी और को दे सकते हैं? अगर लोग अपने जीवन के पाँच मिनट बेच सकते तो क्या आपको लगता है कि इस दुनिया में कोई गरीब होता? अमीर लोग इसके लिए बहुत सारा पैसा दे देते! लेकिन आप ऐसा नहीं कर सकते! आप अपने जीवन का एक मिनट

भी नहीं दे सकते, फिर आप यह जीवन किसके लिए जी रहे हैं? जीवन खुद आपके लिए चल रहा है।

आपको क्या दिया गया है? यह उसी दिन शुरू हुआ जब आपने अपनी पहली श्वास ली थी। आपको जीवित होने का, अस्तित्व में रहने का एक अवसर दिया गया। आपके पास वास्तव में जीवित रहने की संभावना है।

आपका जीवन तब शुरू हुआ, जब आपने श्वास लेना शुरू किया और तब खत्म होगा, जब आप श्वास लेना बंद कर देंगे। यह आपके जीवन का पहला और अंतिम स्वर है।

इसके बीच में आपके पास क्या है? अगर आपने इस श्वास का मूल्य नहीं समझा तो कुछ भी नहीं समझा। यह श्वास आपके लिए सब कुछ है। यह श्वास बिना किसी प्रयास के स्वतः चल रही है। आप इसकी गति को महसूस करें। यह अपने आप चल रही है।

एक बार में एक श्वास। इसका अतीत से कोई लेना-देना नहीं है, और इसका भविष्य से भी कोई लेना-देना नहीं है। यह केवल उस क्षण में है जिसे वर्तमान कहा जाता है और जिसमें आप सचमुच में मौजूद हैं। आप भविष्य या अतीत में मौजूद नहीं हो सकते। भविष्य आपकी इच्छाएँ हैं, अतीत आपकी यादें हैं। वर्तमान का ये क्षण सचमुच में एक जादू है।

2. केवल आपके लिए

ब्रह्माण्ड में कुछ हलचल हुई और यह श्वास विशेष रूप से केवल आपके लिए आई।

आप जीवित हैं। आपका अस्तित्व है। आप सोच सकते हैं। आप देख सकते हैं। आप प्रशंसा कर सकते हैं। आप स्पर्श कर सकते हैं। आप महसूस कर सकते हैं। आप विश्लेषण कर सकते हैं। आप हँस सकते हैं। आप रो सकते हैं। आप पिता हो सकते हैं। आप मां हो सकती हैं। आप भाई हो सकते हैं। आप बहन हो सकती हैं।

आप जो भी हैं, 'श्वास' की बदौलत वह बने रह सकते हैं।

श्वास के विषय को कुछ इस तरह समझें जैसे कि आपके सामने एक दिन आता है। सूरज धीरे-धीरे उदय होना शुरू होता है और शाम को बिना किसी धूमधाम के अस्त हो जाता है। आप सो जाते हैं और आराम करते हैं ताकि सुबह फिर से जाग जाएं। यह इतना सरल है। यही आपके आसपास चल रहा है।

आपके जीवन की सबसे शक्तिशाली चीज़ श्वास, बिना बताए आपके अंदर आती है और आपको पूर्ण कर देती है। और ये जीवन है श्वास। यह आती है और जाती है। इसमें एक लय है, एक सरलता है। आपको कुछ भी करने की ज़रूरत नहीं है। यह आती है और जाती है।

जीवन का गीत 'श्वास' नामक यंत्र पर बजाया जाता है। इस जीवन को देखो। इस अस्तित्व को देखो। श्वास आती है – बिना कोई निर्णय लिए, पहले से कुछ तय नहीं, कोई फॉर्म नहीं भरना है, कोई लाइन नहीं है, कोई प्रतीक्षा का खेल नहीं, कोई डॉट नेट या डॉट कॉम नहीं जिस पर लॉग इन करना है। यह बस आती है। जीवन हर दिन सबसे शांत और सरल तरीके से नृत्य करता है और चलता रहता है।

आप किसी मशीन से बने हुए नहीं हैं। हम सभी लोगों को बनाया गया है, फिर भी कोई भी दो व्यक्ति एक जैसे नहीं हैं। यहां तक कि जुड़वाँ भी नहीं।

हर एक प्राणी को व्यक्तिगत रूप से इतनी सावधानी से गढ़ना। हर दिन उस श्वास का आना – यह एक अद्भुत संरचना है।

आपका जीवन सेकण्ड, मिनट या घण्टों से नहीं चलता, बल्कि आपके द्वारा ली जाने वाली प्रत्येक श्वास से चलता है।

संतुष्टि देने वाली सुंदरता की तलाश में लोग जंगलों, रेगिस्तानों, पहाड़ों, समुद्रों को देखते हैं। फिर भी कितने लोग कहते हैं – "इस श्वास को देखो यह कितनी सुंदर है। इस जीवन को देखो यह कितना सुंदर है!"

यह श्वास आती है और मुझे वीणा की तरह छूती है। यह उस तार को छेड़ती है और एक सुन्दर ध्वनि, मेरे पूरे अस्तित्व में झंकार पैदा कर देती है।

यह शरीर धूल है, शुद्ध धूल। नया, पुराना, सुंदर, खराब – सब धूल ही धूल है। लेकिन अभी, इस छोटे से टुकड़े पर, बारिश हो रही है। श्वास की बारिश हो रही है।

क्या आप जानते हैं कि वास्तव में नया क्या है? वह श्वास जो अभी-अभी आई है। यह इस पूरे ब्रह्माण्ड में सबसे नई चीज़ है। आपको अभी-अभी मिली है। और यह चली गई। और यहाँ एक और आई। और यह अभी-अभी चली गई। और यहाँ एक और आई। मैं आपको उस अस्तित्व के जादू की ओर इशारा करने की कोशिश कर रहा हूँ। बस वह जादू जो यहाँ चल रहा है।

इतनी गतिशील होते हुए भी इतनी स्थिर, इतनी स्पष्ट होते हुए भी इतनी पारदर्शी, इतनी जटिल होते हुए भी इतनी सरल, इतनी सुनिश्चित होते हुए भी इतनी अनिश्चित, इतनी बहुमूल्य होते हुए भी इतनी मुफ्त, इतनी अनगिनत होते हुए भी एक समय में एक श्वास आती है।

वही शक्ति जो ब्रह्माण्ड को चलाती है, वही हमें श्वास भी देती है। हमें जीवन के मंच के रूप में चुना गया है।

II

श्वासः एक अनमोल उपहार

1. एक मूल्यवान उपहार

आप, मैं और इस दुनिया के सभी लोग अपना मूल्यांकन करते हैं। "मैं कैसा हूँ? मेरे पास कौन सी डिग्री है? मेरा घर कितना बड़ा है? मेरे पास कितनी कारें हैं? मेरे पास कितने कपड़े हैं? मेरे पास कितनी अंगूठियाँ हैं? मेरे बैंक खाते में कितना पैसा है?"

हम किसी और को देखते हैं और कहते हैं- “काश! मैं भी ऐसा होता। मैं भी वैसा ही बनना चाहता हूँ।”

लेकिन क्या आप खुद को किसी दूसरे के पैमाने पर माप सकते हैं? इसे “जीवन का पैमाना” कहते हैं। तब आप देखेंगे कि सबसे शानदार उपहार आपके पास आता है और वह है – श्वास का उपहार!

अगर आप सौ साल भी जीते हैं तो भी यह सिर्फ 36,500 दिन ही होंगे। ये बहुत ज्यादा नहीं हैं! यह बहुत ज़रूरी है कि हर दिन संतुष्टि से भरा हो! और हम अपने अंदर आने वाली हर श्वास की कीमत समझें।

श्वास ज़रूरी है, इसलिए उसे आपकी निगरानी की ज़रूरत नहीं है। वरना, यह उस कहानी जैसा होता।

मेरा हेडफोन मत हटाना

एक महिला नाई के पास गई और उससे कहा, "मुझे बाल कटवाने हैं पर मेरी एक शर्त है – आप मेरे बाल काट सकते हैं परन्तु मैं चाहती हूँ कि आप मेरा हेडफोन न हटाएं।" वह व्यक्ति बहुत हैरान हुआ। किन्तु उसने कहा, "कोई बात नहीं," और उसने बाल काट दिए।

कुछ सप्ताह बाद वह फिर उसी अनुरोध के साथ वापस आई, "मुझे बाल कटवाने हैं परन्तु कृपया मेरा हेडफोन न हटाएं।"

अब तक नाई की उत्सुकता बहुत बढ़ गई थी। उसे अचरज हुआ कि आखिर ये क्या सुन रही है। जब वह कुर्सी पर बैठी हुई थी तभी नाई ने उसका हेडफोन हटा दिया।

वह हैरान रह गया जब उसने देखा कि वह महिला नीचे गिरी और उसकी मृत्यु हो गयी। उसे झटका लगा।

एम्बुलेन्स आयी और उसके पार्थिव शरीर को ले गयी। नाई बहुत ही परेशान रहा। आखिर वह क्या सुन रही थी? उसने हेडफोन को उठाकर अपने कानों पर लगाया और वह क्या सुनता है? "सांस अन्दर लें, सांस बाहर छोड़ें, सांस अन्दर लें, सांस बाहर छोड़ें..."

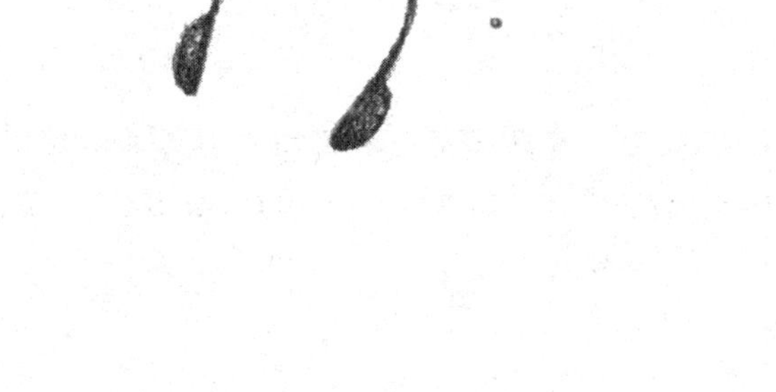

एक घड़ी बाहर है और एक घड़ी अंदर! बाहर की घड़ी लगातार तेज़ और तेज़ और तेज़ होती जा रही है। लेकिन अंदर की घड़ी, इसका पेंडुलम, इसका झूला आपकी हर श्वास के साथ चलता है। इसकी गति नहीं बढ़ती। यह वहीं रहती है। यह सुंदर है, यह दयालु है।

क्या आप कल्पना कर सकते हैं कि अगर हमें हर बार श्वास लेने के लिए एक बटन दबाना पड़े तो हम पागल हो जाएंगे? क्योंकि यही वह काम है जिसे हम संभवतः करना भूल जाएंगे।

लेकिन नहीं! बिना मांगे, बिना मशीन में सिक्का डाले, श्वास आती है और अपने साथ जीवन का सबसे शानदार उपहार, अस्तित्व का सबसे शानदार उपहार लेकर आती है।

क्या यह एक उपहार है? मैं इसे उपहार कहता हूँ। इससे कोई फर्क नहीं पड़ता कि मैं इसे क्या कहता हूँ। क्या आपको लगता है कि यह एक उपहार है?

श्वास आती है और आती हुई प्रत्येक श्वास संतुष्टि की संभावना लेकर आती है।

आप जिसे खोज रहे हैं वह आपके अंदर ही है! वह हमेशा से था और हमेशा रहेगा।

मनुष्य यह भूल जाता है कि हमारे पास ये श्वास है, इसका क्या मतलब है। हम बहुत सी चीज़ों के लिए प्रार्थना करते हैं।

लेकिन एक श्वास के लिए कौन प्रार्थना करता है? "एक और चाहिए..."

जो चीज़ आपके लिए सबसे कीमती है, वह आपको सबसे अधिक मात्रा में दी गई है। लेकिन यह आपको सबसे अधिक मात्रा में दी गई है, इसका मतलब यह नहीं है कि इसका मूल्य कम हो गया है। यह अभी भी सबसे मूल्यवान है।

आपके सभी रिश्तों में से, क्या आपका इस श्वास के साथ कोई रिश्ता है? क्या आप इसे समझते हैं? क्या आप इसे जानते हैं?

मैं आपको याद दिलाने की कोशिश कर रहा हूँ। कभी-कभी स्पष्टता का यही मतलब होता है। कभी-कभी स्पष्टता का मतलब है, आपको याद दिलाया

जाए कि आप कौन हैं। स्पष्टता का मतलब है, इस श्वास की कीमत को समझना और हर एक दिन जीवित महसूस करना।

"इस श्वास का आना-जाना एक आशीर्वाद है।" जब मैंने पहली बार यह सुना तो मैंने सोचा, "हां, यह सच है।" लेकिन यह कई लोगों के लिए आश्चर्य की बात है। वे यह जानते हैं और फिर भी पूछते हैं, "भगवान! अगर आप हैं तो मुझे कोई संकेत दें!"

आपको किस संकेत की ज़रूरत है? संकेत यहां है। आपकी नाक के ठीक नीचे संकेत है। लेकिन लोग इसे नहीं समझते। वे इंद्रधनुष चाहते हैं, वे बिजली चाहते हैं, कोई स्पष्ट संकेत चाहते हैं और भगवान देते हैं श्वास। "अरे! ये श्वास संकेत कैसे हो सकती है?" क्या यह इतना सरल है?

तो, क्या श्वास अभी आपके अंदर आई? हाँ, आई। क्या अरबपति श्वास लेते हैं? क्या गरीब श्वास लेते हैं? वैसे, आपको क्या लगता है कि एक श्वास की कीमत कितनी है?

इस धरती पर इतना सोना, इतना हीरा, इतना पैसा नहीं है कि एक श्वास खरीदी जा सके! और यह अभी-अभी आपके अंदर आयी! फिर से आयी और फिर से आयी। आ रही है, आ रही है, मुफ्त में आ रही है!

आप इतने अमीर हैं! समझिए कि आप कितने भाग्यशाली हैं। सबसे मूल्यवान चीज़ आपके अंदर आ रही है। हर दिन आप उस बहुमूल्य चीज़ के संपर्क में हैं।

आपके जीवन में कुछ ऐसा घटित हो रहा है, जो आपकी सभी उपलब्धियों और कमियों से भी अधिक महत्वपूर्ण है।

वह क्या है? वह प्रत्येक श्वास का आना और जाना है।

सभी चमत्कारों में सबसे बड़ा चमत्कार, इस श्वास का आना और जाना है। मैं हर दिन सोने की खान के ऊपर रह रहा हूँ।

हर श्वास के अन्दर आपकी खुशी की चाभी रखी है।

2. सीमित और असीम

अपने अंदर, आप उस असीमित क्षण को महसूस कर सकते हैं कि वो श्वास कहां से आयी, कहां पहुंची और फिर बाहर न जाने कहां गयी, एक बार में एक श्वास!

क्या श्वास वाक़ई अनन्त है? इसका जवाब देने के लिए आपको यह समझना होगा कि श्वास हमारे लिए क्या दर्शाती है। इसका क्या मतलब है?

श्वास आपके अंदर आती है और आप जीवित रहते हैं। श्वास सिर्फ ऑक्सीजन और कार्बन डाइऑक्साइड के आदान-प्रदान को नहीं दर्शाती। यह वास्तव में जीवन को दर्शाती है।

यह श्वास आपके लिए जीवन की अभिव्यक्ति है। पूरे ब्रह्माण्ड में जो शक्ति व्याप्त है, वह श्वास के रूप में आपके अंदर आती है, और यह आपका जीवित होना संभव बनाती है ताकि आप समझ सकें।

केवल तभी, यह श्वास अनन्त हो जाती है – क्योंकि आपकी समझ अनन्त है।

तब आपने सीमित को अनन्त में बदल दिया है। आप महान् रसायन वैज्ञानिक बन गए। आपने मिट्टी ली, आपने धूल ली और उसे सचमुच बहुमूल्य चीज़ में बदल दिया। आपने ऐसी चीज़ ली जो बहुत सामान्य है और उसे ऐसी चीज़ में बदल दिया जो बहुत महत्वपूर्ण है।

आप समझ गए हैं कि जीवित होना सिर्फ समय व्यतीत करने की बात नहीं है। बल्कि आप इससे बाहर निकलकर अनन्त को छूने की हिम्मत कर चुके हैं। आप ऐसे सीमित हैं जिसने अनन्त तक पहुँचने की हिम्मत की है। और तभी यह श्वास समय से परे हो जाती है। तभी यह जीवन समय से परे, काल से परे हो जाता है।

एक श्वास अंदर और एक श्वास बाहर। ऐसा एक साथ दो बार नहीं कर सकते। एक ही समय में दो श्वास नहीं ले सकते। बिना कुछ किए, चाहे आप सो रहे हों, चाहे आप जाग रहे हों। अनन्त बदलाव की इस दुनिया में, आपके अंदर कुछ ऐसा रखा गया है जो बदलता नहीं है।

एक श्वास बहुत बड़ी चीज़ नहीं लगती। लेकिन थोड़ा और क़रीब से देखो तो तुम्हें एक जीवन मिलेगा। थोड़ा और देखो और उस जीवन में तुम प्यास को तृप्त होते हुए पाओगे। फिर थोड़ा और देखो, तुम्हें उस पानी का अनन्त कुआं मिलेगा जिसके लिए वह प्यास मौजूद है। और जब तुम उस पानी को पी लोगे तो तुम तृप्त हो जाओगे।

मनुष्य तो बस मिट्टी है, लेकिन इस मिट्टी में आकर रहने का निर्णय किसने लिया है?

अंदर की ओर मुड़ें, इस श्वास को महसूस करें। यह सबसे अविश्वसनीय चमत्कार है!

यह मिट्टी नाच सकती है! यह मिट्टी बोल सकती है! यह मिट्टी अद्भुत है!

लेकिन यह इतनी खूबसूरती और कृपा के साथ किया गया कार्य है कि यह पूरी तरह से स्वाभाविक लगता है कि मिट्टी बोल सकती है, मिट्टी सोच सकती है और मिट्टी परमानन्द का अनुभव कर सकती है।

जिस आनन्द को आप चाहते हैं, जो हमेशा रहता है, उसका स्रोत आपके अंदर है, बाहर नहीं। मेरे पास एक हृदय है और इसे अनदेखा करना, इस धरती पर सबसे नासमझी की बात है। मैं अच्छी तरह से समझता हूं कि पानी मेरी प्यास बुझाएगा? लेकिन पानी जो आनन्द देता है, वो कहाँ है? क्या वो पानी में है या मुझमें है? आम की मिठास आम में है, लेकिन उस आम का आनन्द लेना आपके अंदर है। प्यास बुझाना, यह संभावना है, ये पानी की ताक़त है, लेकिन प्यास बुझाने का आनन्द आपके अंदर है। जिसे आप खोज रहे हैं, वो आपके अंदर है। पूरे ब्रह्माण्ड में सबसे पवित्र स्थान आपके अंदर है।

मुझे आपको यह याद दिलाने में बहुत खुशी हो रही है कि आपके पास जीवन व श्वास का बहुत सुंदर और अविश्वसनीय उपहार है – इसका आनन्द लें!

क्योंकि आपके लिए यही एकमात्र ऐसी चीज़ है जिसकी कोई सीमा नहीं है! जितना हो सके उतना प्राप्त करें, और फिर उससे भी कुछ अधिक!

जीवित होने जैसी कोई और वास्तविकता नहीं है। आप इसे महसूस कर सकते हैं। यह सबसे अच्छा "अनुभव" है! अब बस इस अति सुंदर अनुभव की मशीन को परमानन्द के अनुभव से जोड़ें, और आपका काम हो गया।

हम सभी कितने भाग्यशाली हैं कि परमानन्द हमारे अंदर ही है। हमें उसे खोजने की भी ज़रूरत नहीं है।

जो अविनाशी है, अनन्त है उसको महसूस करें। और जब आप उससे जुड़ जाते हैं, उस पल यह श्वास अनन्त हो जाती है।

यह समझिए कि आपके सामने जो भी चीज़ें हैं, उनसे बहुत दूर एक मधुर सच्चाई है। एक खूबसूरत सच्चाई है जो आपके आसपास हो रही सभी अच्छी और बुरी चीज़ों से बहुत अलग है।

अच्छा या बुरा

एक आदमी था, जब उसका घोड़ा खो गया तो वह एक ज्ञानी व्यक्ति के पास गया और उनसे कहा, “मेरा घोड़ा भाग गया।” ज्ञानी व्यक्ति ने पूछा, “क्या तुम समझते हो कि ये बुरा हुआ?” वह आदमी बोला, “ये बहुत ही बुरा हुआ! मुझे उस घोड़े से बहुत प्यार था।” ज्ञानी व्यक्ति ने कहा, “कोई बात नहीं, ठीक है। हो सकता है कुछ अच्छा ही होगा।”

एक सप्ताह बाद, वह घोड़ा एक और घोड़े के साथ वापस आ गया। ये आदमी फिर उस ज्ञानी व्यक्ति के पास पहुंचा और कहने लगा, “आपकी सलाह के लिए बहुत-बहुत धन्यवाद। सचमुच कुछ अच्छा हुआ।”

ज्ञानी व्यक्ति ने कहा, “क्या तुम्हें लगता है कि वह अच्छा हुआ?” उस व्यक्ति ने जवाब दिया, “हां जी! मेरे विचार से सचमुच बहुत अच्छा हुआ, क्योंकि वह घोड़ा एक और घोड़ा साथ लेकर लौटा है। अब मेरे पास दो सुन्दर-सुन्दर घोड़े हो गये हैं।” ज्ञानी व्यक्ति ने कहा, “ठीक है, हो सकता है कुछ बुरा होने वाला हो।”

कुछ दिन बाद उस आदमी का बेटा नये घोड़े की सवारी कर रहा था, वह अचानक घोड़े से गिर पड़ा और उसका पैर बुरी तरह जख्मी हो गया। वह व्यक्ति फिर वापस ज्ञानी व्यक्ति के पास लौटा और कहा, “आप ठीक कह रहे थे। कुछ बहुत बुरा हुआ। मेरा बेटा गिर गया और उसका पैर टूट गया।”

ज्ञानी व्यक्ति ने पूछा, “क्या तुम सोचते हो कि वह बुरा हुआ?” वह बोला, “हां जी! वह बहुत ही बुरा हुआ।” ज्ञानी व्यक्ति ने कहा, “ठीक है, शायद कुछ अच्छा होने वाला होगा।”

कुछ समय बाद उस जगह पर युद्ध शुरू हो गया और राजा का आदेश हुआ कि सभी नौजवानों को अनिवार्य रूप से, युद्ध में लड़ने के लिए भर्ती किया जाये। चूंकि उस आदमी के बेटे का पैर टूटा हुआ था, इसलिए वह सेना में होने वाली आवश्यक भर्ती से बच गया।

सब कुछ बदल जाता है। अगर आपको लगता है कि चीज़ें अच्छी हो रही हैं तो थोड़ा इंतज़ार कीजिए, सब कुछ बदल जाएगा। अगर आपको लगता है कि चीज़ें बुरी हैं तो थोड़ा इंतज़ार कीजिए, वो भी बदल जाएगा। आप बदल जाते हैं। मन बदल जाता है। विचार बदल जाते हैं। सोच बदल जाती है। दुनिया बदल जाती है। सब कुछ बदल जाता है, बदलता रहता है, बदलता जाता है।

एक चीज़ जो नहीं बदलती, वो है: इस श्वास का आना-जाना। यह आती है और जाती है, यह आती है और जाती है। और जब यह बदलती है, तो सारे बदलाव रुक जाते हैं। आपके लिए सारे बदलाव रुक जाते हैं।

अपने अंदर के मित्र को खोजो। इस आशीर्वाद में अपनी खुशी पाओ। इस वास्तविकता में अपना आनन्द पाओ। इस खूबसूरत जगह में अपना आश्रय पाओ। उस आनन्द को महसूस करो। उस सुंदरता को महसूस करो। यह तुम्हारे लिए है, ताकि तुम संतुष्ट हो सको।

कई बार ऐसा होता है कि समस्याएँ इतनी विकट हो जाती हैं कि आपकी सारी ताक़त, जिसे आप अपनी समझते थे, खत्म हो जाती है। लहरें बड़ी होती जाती हैं। आपकी नाव छोटी है। आप क्या करते हैं? अब यह कोई मौज-मस्ती वाली यात्रा नहीं रह जाती। आप आगे जाएँ या पीछे, समझ नहीं आता, लहरें बढ़ती ही जाती हैं।

आपकी जिंदगी की नाव कहाँ बंधी है? आपने क्या सावधानियां बरती हैं? यही सवाल हैं। लहरों का आकार आपके नियंत्रण में नहीं है, लेकिन सावधानी बरतना आपके नियंत्रण में है। जब आपने इस सागर में, इस श्वास में खुद को बांध लेने का तरीका खोज लिया है तो आपने उचित और सही सावधानियां बरती हैं। इस श्वास में आपको अपनी मंजिल मिलती है। इस श्वास में आपको अपना सहारा मिलता है। इस श्वास में आपको अपनी असलियत मिलती है।

क्या आपके जीवन में तूफान आएंगे? हाँ, बिल्कुल।

क्या उलझन आपके दरवाजे पर दस्तक देगी? ज़रूर।

क्या आप ऐसी कठिन परिस्थितियों से गुज़रेंगे जो आपके नियंत्रण से बाहर होंगी? अवश्य।

लेकिन बस इतना याद रखें कि जब भी भयानक तूफान आपको घेर लेता है, जब सब कुछ अस्त-व्यस्त हो जाता है, जब रात बहुत अंधेरी हो जाती है; तब भी आपके भीतर एक दीया जलता रहता है। तब भी, जब लगता है सब कुछ बहुत बुरा हो गया – और मैं इसे नाप नहीं रहा हूं कि यह कितना बुरा हो सकता है। लेकिन जब तक यह श्वास आपके अंदर और बाहर आती-जाती रहेगी, तब तक आपके साथ अविनाशी रहेगा। जब तूफान आपको कमज़ोर महसूस कराता है तो जान लें कि सबसे बड़ी ताक़त, आपके अंदर है।

हर श्वास के लिए आभारी रहें। अपनी नाव को अविनाशी से बांधें। आपकी नाव सुरक्षित रहेगी। अगर आप अपनी नाव को नाशवान से बांधेंगे तो नाव

भटक जाएगी। जब हृदय भरा होता है, तो यह जीवन शानदार हो जाता है। हृदय के लिए जब एक दिन बच गया, मानो एक पूरा जीवन संवर गया।

आपके पास समझने की क्षमता है।

उस अविनाशी को समझें। इस जीवन को समझें।

आनन्द को समझें। समझें कि मनुष्य होने का क्या मतलब है।

और हर दिन अपने हृदय के तृप्त होने की संभावना के प्रति सचेत रहें।

उस पूर्णता से जुड़ना सीखें, जो आपके अंदर नृत्य कर रही है। यही वह क्षण है, जब आप अनन्त श्वास को समझने लगते हैं।

वैसे एक पल ही काफ़ी है लेकिन आपको अविनाशी का अनुभव करने, उसे जानने, उसे देखने, उसका आनन्द लेने और उसे महसूस करने के लिए एक पूरा जीवन दिया गया है।

जब तक यह श्वास आपके अंदर आ रही है, तब तक अविनाशी आपको छू रहा है।

3. अपने आपको जानना

इस धरती पर सबसे सरल चीज़ है आपकी श्वास का अंदर-बाहर, आना-जाना। सूर्य को उदय होते हुए या अस्त होते हुए देखें। सुंदरता को देखें, इस पूरे ब्रह्माण्ड की शक्ति को काम करते हुए देखें, यह धरती आपके साथ घूम रही है, आपकी श्वास अंदर आ रही है, बाहर जा रही है, आपका हृदय संतुष्टि की चाहत रखता है। ये सबसे सरल चीज़ें हैं।

इसे बढ़ा-चढ़ाकर व्यक्त करने की ज़रूरत नहीं है। मनुष्य की इस कहानी को बस समझने की ज़रूरत है।

हर दिन एक चुनौती और एक रोमांच होता है। यह समझ का रोमांच है। पहाड़ पर चढ़ने का नहीं। आपके जीवन में सबसे बड़ा पहाड़ जिस पर आप चढ़ेंगे वह है, समझ का पहाड़!

एक बार जब आप उस पहाड़ पर चढ़ जाते हैं, तो आप सचमुच में जीत जाते हैं क्योंकि आप समझने लग जाते हैं। किसके बारे में समझना है? स्वयं को समझना है।

हर दिन जब यह श्वास आपके अंदर आती है, वह एक सम्पूर्ण दिन होता है। जब आपको दिया गया हर दिन सम्पूर्ण होता है, तो आपके दिन को अपूर्ण कौन बनाता है? आप ही वह व्यक्ति हैं जो तराजू को पकड़कर उसे झुकाते रहते हैं।

आप क्या हैं? एक तरफ आपमें 99 प्रतिशत ऑक्सीजन, हाइड्रोजन, कैल्शियम, कार्बन, नाइट्रोजन और फॉस्फोरस है। बस इतना ही! हर दिन आप अपने शरीर से निकले हुए लगभग दस अरब, मृत त्वचा के बारीक कण छोड़ते हैं। एक साल में, यह क़रीब दो किलो के बराबर होता है।

आप कौन हैं? आप एक संपूर्ण वाद्य यंत्र हैं, और जब यह यंत्र सुर में बजाया जाता है तो यह सबसे सच्ची और सबसे मधुर धुन, उत्पन्न कर सकता है।

अब तक आपने अपने जीवन में, सिर्फ अपने मन को ही उस वाद्य यंत्र को बजाने की अनुमति दी है। कभी-कभी आपको एक हल्की सी आवाज़ सुनाई देती है, और यह एक मधुर झंकार की तरह महसूस होती है, लेकिन अभी तक उससे कोई अच्छी धुन नहीं बन पायी है।

अपने अंदर की वास्तविकता के साथ तालमेल बिठाएँ। तब आप सुन पाएँगे कि यह वाद्य यंत्र क्या करने में सक्षम है। जब आप तृप्त होते हैं तो इस यंत्र से जो उत्साह, आनन्द और संतुष्टि की मधुर धुनें निकलती हैं, वे अनूठी होती हैं।

हृदय के आईने में देखो और तुम्हें अपना असली चेहरा दिखाई देगा। तुम देखना शुरू कर दोगे कि तुम कितने बड़े चमत्कार हो। तुम्हें दया से बनाया गया है, तुम दया से ही जीवित हो, तुम्हें श्वास का ये उपहार दया से ही मिला हुआ है।

यदि तुम अपने हृदय को देख नहीं पाते, अगर तुम अपने अंदर स्थित अविनाशी को नहीं देख पाते, अगर तुम अपनी ताक़त को नहीं देख पाते, अगर तुम इस श्वास में मौजूद आशीर्वाद को नहीं देख पाते तो इसका कारण यह है कि तुम अपने आपसे बहुत दूर हो गये हो। इतने दूर कि तुम उसे देख नहीं सकते। क़रीब आओ। अपने आपके क़रीब आओ।

एक हृदय है, एक पहचान है, एक समझ है, एक एहसास है, प्यास है। बहुत से लोग कहते हैं, "मुझे प्यास नहीं लगती।" अगर आपको प्यास नहीं लगती, तो इसका मतलब है कि आप बहुत दूर हैं। अपने आपके क़रीब आएँ। अगर आपको नहीं लगता कि आप इस जीवन में संतुष्ट होना चाहते हैं, तो इसका मतलब है कि आप बहुत दूर हैं। अपने आपके क़रीब आएँ। आप जितने क़रीब आएँगे, यह आपके लिए उतना ही स्पष्ट होता जाएगा।

धारणाएँ वो जंजीरें हैं जो आपको बांधती हैं। वे आपको हर चीज़ की खूबसूरत सच्चाई को देखने से रोकती हैं, यहां तक कि श्वास की खूबसूरत सच्चाई को भी।

जंगल का राजा

एक दिन एक खरगोश जंगल में जा रहा था, तभी सामने से एक बड़ा शेर आ गया। बहुत बड़ा शेर!

शेर ने कहा, "मैं तुम्हें खाऊंगा।" और खरगोश ने मन ही मन सोचा, "आज तो मैं गया! बेहतर होगा जल्दी कुछ सोचा जाये।" तो खरगोश ने शेर से कहा, "नहीं! तुम मुझे नहीं खा सकते।"

शेर ने खरगोश की तरफ देखा और कहा, "अरे! तुम नन्हें से खरगोश हो! मेरे दांत तुम्हारे दांत से बड़े हैं। तुम क्या समझते हो कि मैं तुम्हें नहीं खा सकता? बिल्कुल मैं तुम्हें खा सकता हूँ।" खरगोश ने जवाब दिया, "नहीं तुम मुझे नहीं खा सकते क्योंकि मैं जंगल का राजा हूँ।"

शेर दहाड़ा, “नहीं, तुम जंगल के राजा नहीं हो। मैं जंगल का राजा हूँ।”

“नहीं, मैं जंगल का राजा हूँ,” खरगोश ने उत्तर दिया, “मैं इसे साबित कर सकता हूँ।”

शेर ने कहा, “ठीक है, साबित करो!” खरगोश ने कहा, “मेरे पीछे आओ और तुम देखोगे कि जंगल के सभी जानवर मुझसे कैसे डरते हैं।”

अगर आप कल्पना करें तो वह एक छोटा सा खरगोश था और उसके पीछे बहुत बड़ा शेर। जब अन्य जानवरों ने शेर को आते देखा तो वे घबराकर भाग गए। शेर चकित था। उसने सोचा, “यह बात सही है। हर जानवर इस खरगोश से डरता है।”

शेर पीछे मुड़ा और भाग गया।

अक्सर ऐसा होता है। ऐसा तब होता है जब आप नहीं जानते कि आप कौन हैं। इस जीवन में सबसे बड़ा उपहार वह है जो आपको मिला हुआ है।

एक दिन, मैं मिस्र में एक ममी के मिलने के बारे में बनाई गई एक डॉक्यूमेंट्री देख रहा था। मानव विज्ञानी, प्रोफेसर और डॉक्टर पूछ रहे थे, "वह कौन था?" हमें पता लगाना होगा कि "वह कौन था।"

वह वैसा ही था जैसा तुम होंगे। अगर कोई तुम्हें तीन हज़ार साल बाद मिलता तो वे कहते, "वहाँ कोई था। वह कौन था?"

आप शायद मानव विज्ञानी नहीं हैं। मैं कोई प्रोफेसर नहीं हूँ। फिर भी मैं वही सवाल पूछ रहा हूँ: "आप कौन हैं?" यह सवाल आप अभी ही पूछ सकते हैं क्योकि आप जीवित हैं। इसका उत्तर बहुत गहरा है। सुकरात ने भी यही कहा था, "अपने आपको जानो!" जब आप स्वयं पर ध्यान केंद्रित करते हैं तो अद्भुत चीज़ें होती हैं।

क्या आप जानते हैं कि आप कौन हैं? आप इस जीवन में सबसे पवित्र चीज़ के रखवाले हैं। आपके अंदर आने वाली हर श्वास, जो एक अद्भुत चमत्कार है, आप उसके संरक्षक हैं। आप इस सबसे खूबसूरत चीज़ के रखवाले हैं जिसे "जानना" कहा जाता है। आप दयालु होने की इस सबसे अद्भुत शक्ति के संरक्षक हैं। आप इस अथाह शक्ति के रखवाले हैं जिसे "आनन्द" कहा जाता है, जिसे "स्पष्टता" कहा जाता है।

मनुष्य ध्यान भटकाने वाली चीज़ों की ओर बहुत आकर्षित होता है। यह एक बुरी आदत है जो आपको उन ज़रूरी चीज़ों से वंचित कर देती है, जिनकी आपको इस जीवन को एक खूबसूरत अवसर बनाने के लिए ज़रूरत है। क्या आपको एहसास है कि जादूगर और जेबकतरे में क्या अंतर होता है? जादूगर आपका बटुआ वापस कर देता है, जेबकतरा नहीं।

जादूगर और जेबकतरे दोनों का मूल सिद्धांत है: ध्यान भटकाना। उन दोनों को ही आपका ध्यान भटकाना है।

मान लीजिए आप अपना सामान लेकर कहीं प्रतीक्षा कर रहे हैं, तो एक जेबकतरे ने पाँच सौ रुपये का नोट ज़मीन पर गिरा दिया। उसका साथी आकर आपसे कहता है, “माफ करें, मुझे लगता है कि आपका पाँच सौ रुपये का नोट गिर गया है।” आप उसे उठाने के लिए हाथ बढ़ाते हैं और आपका सामान गायब हो चुका होता है। यह है ध्यान भटकाना।

भटकने से बचें। ध्यान केन्द्रित करें।

अगर आप ध्यान केंद्रित नहीं करेंगे तो आप क्या खो देंगे? जेबकतरे आपसे क्या चुरा लेंगे? जब आप ध्यान केंद्रित नहीं करते हैं तो आप अपने अंदर आने वाली, हर श्वास की समझ को खो देते हैं। यही चुराया जाता है। अब आप उस चीज़ को पहचान नहीं पाते हैं, जो आपको जीवन का उपहार दे रही

है। अब आप जीवन को नहीं पहचान पाते। अब आप हृदय की पुकार को नहीं पहचान पाते। अब आप अपनी प्यास को नहीं पहचान पाते। अब आप अपनी पुकार को पूरा होने की पहचान नहीं कर पाते। ज़रा सा ध्यान भटका और यह चला गया।

हम जानते हैं कि जीवित रहना कितना अद्भुत है, लेकिन फिर भी हम न चाहते हुए भी खुद को छोटी-छोटी चीज़ों से प्रभावित होने देते हैं। हवा में उड़ते हुए एक पत्ते में भी उन चीज़ों से ज्यादा ताक़त होती है, जिनसे हम खुद को भटकने देते हैं।

यही इस दुनिया की हालत है। लोग खोये हुए हैं। इस पूरे नाटक के दौरान एक श्वास आई, एक चमत्कार आया, चला गया और फिर आया।

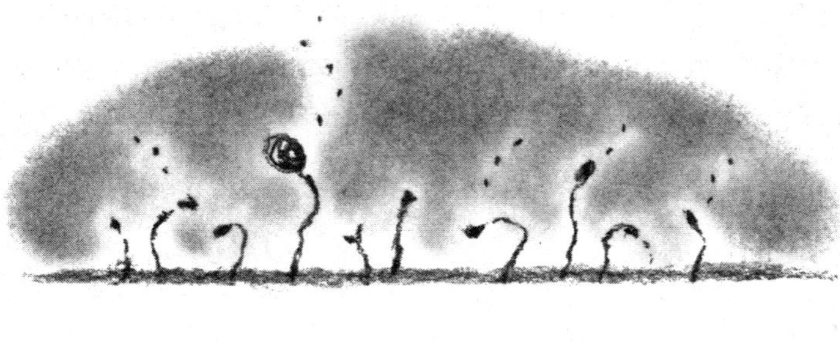

अपने आपको समझने के लिए खुद को जानें कि आपके अंदर क्या है। इस जीवन में डर या भ्रम नहीं, बल्कि आभार हो। इस जीवन में सवाल नहीं, बल्कि जवाब हों। इस जीवन में कुरूपता नहीं, बल्कि सुंदरता हो। इस जीवन में बंजर रेगिस्तान नहीं, बल्कि एक हरा-भरा खेत हो, जो हर दिन संतोष की फसल उगाता हो।

इस दुनिया की सभी चीज़ों का ज्ञान होना अच्छी बात है। लेकिन अगर आप नहीं जानते कि आप कौन हैं तो यह ज्ञान अधूरा है। क्या आप जानते हैं कि आप कौन हैं? इस पल में जब आप जीवित हैं, आप सबसे सुंदर, सबसे समृद्ध और सबसे दिव्य-उपहार को प्राप्त कर रहे हैं। क्योंकि आप जीवित हैं, इसलिए आपको यह श्वास मिल रही है।

इस श्वास के बिना, न तो आपका कोई व्यक्तित्व है और न ही कोई जीवन। यह श्वास आपकी मोमबत्ती है। इस अंधेरे में, यह आपकी मोमबत्ती है।

4. स्वीकार करना

उस सरलता को स्वीकार करें। अपने जीवन में उस आनन्द को स्वीकार करें। हर दिन अपने हृदय के क़रीब एक कदम बढ़ायें। हर दिन इस जीवन के क़रीब आने के लिए कदम बढ़ायें। हर दिन इस श्वास के सच्चे शिष्य बनें।

जब यह श्वास आपके अंदर आती है, और यह अभी-अभी आई है तो कोई भी यह नहीं कह सकता, "मैं साठ साल से श्वास ले रहा हूँ, इसलिए अगर मैं छह घंटे श्वास नहीं लूंगा तो कोई बात नहीं।" नहीं, ऐसा नहीं होता। हमें प्रत्येक श्वास की ज़रूरत होती है। हर एक दिन खुशी और शांति को स्वीकार करने, महसूस करने और समझने की ज़रूरत है।

एक जिज्ञासु बनिए। हर दिन जीवन से कुछ न कुछ सीखिए, क्योंकि जीवन आपको सीखने का अवसर दे रहा है। हर श्वास का मूल्य सिखाया जा रहा है। इस जीवन का मूल्य सिखाया जा रहा है।

पत्र जो खुले नहीं

यह एक आदमी की कहानी है जो अपने जीवन में जो कुछ भी चाहता था, उसके सपने देखता था। वह एक सुंदर लड़की से शादी करने, राजदरबार में पदवी पाने, अच्छी तनख्वाह वाली नौकरी पाने और कुछ ज़मीन पाने के सपने देखता था।

इसलिए, वह सपने देखने में बहुत माहिर हो गया था, लेकिन उसे असलियत का कोई एहसास नहीं था। दरअसल, वह इस बात पर कोई ध्यान नहीं देता था कि उसके आसपास क्या हो रहा है। यहाँ तक कि उसने उन पत्रों को भी अनदेखा कर दिया, जो उसे मिले थे और उन्हें बिना खोले ही रख दिया।

एक समय ऐसा आया कि वह बूढ़ा हो गया, और उसने अपने जीवन के बारे में विचार किया। उसने अपने सपनों के बारे में सोचा, और बहुत दुखी हुआ कि उनमें से कोई भी सपना सच नहीं हुआ। वह अपने कमरे में बैठ गया, और अचानक उसे अपने पास वर्षों से एकत्रित हुए

पत्रों के विशाल ढेर की याद आई तो उसने उन पत्रों को खोलना शुरू किया।

उसे आश्चर्य हुआ कि उसमें बहुत समय पहले उसकी प्रेमिका द्वारा लिखा हुआ, एक पत्र भी था जो उससे शादी करना चाहती थी। उसने उसे फोन किया तो उसकी प्रेमिका ने कहा, "मैंने तुम्हारा इंतज़ार किया, लेकिन कोई जवाब नहीं मिला, इसलिए मैंने शादी कर ली।"

उसने एक और पत्र खोला और यह पत्र राजा का था, जिसमें उसे एक उच्च पद पर नियुक्ति दी गई थी। उसने महल में फोन किया और राजा ने कहा, "मैंने तुम्हारा इंतज़ार किया, लेकिन तुमने कोई जवाब नहीं दिया। इसलिए यह काम किसी और को दे दिया गया।"

जैसे-जैसे उसने हर पत्र खोलना शुरू किया, उसे एहसास हुआ कि उसके सारे सपने सच हो गए होते, लेकिन वह उन्हें स्वीकार करने के लिए वहाँ मौजूद नहीं था। अगर उसने सच्चाई देखी होती तो आज वह पश्चाताप नहीं कर रहा होता। वह जश्न मना रहा होता।

इस कहानी में जो हुआ, वही हमारे साथ भी होता है। हमारे पास हमारे सपने, हमारी उम्मीदें और हमारी आकांक्षाएँ हैं। हमारी हर उम्मीद व सपने के पीछे तृप्त होने, खुश रहने और संतुष्ट रहने की इच्छा होती है।

हर दिन हमारे पास जो पत्र आता है, वह इस श्वास के रूप में होता है। लेकिन हम इसे नहीं खोलते क्योंकि हम सपने देखने में बहुत व्यस्त रहते हैं, संतुष्ट रहने के नये तरीके और फॉर्मूले खोजने की कोशिश करते रहते हैं। लेकिन संतुष्टि खुद ही श्वास के हर लिफाफे में मौजूद है जो हमें, उपहार में मिल रहा है। जब बहुत देर हो चुकी होती है, तब हम इन्हें देखते हैं और इन्हें खोलना शुरू करते हैं। तभी हम कहते हैं कि ये कितने कीमती हैं, और उन सभी लिफाफों को देखते हैं जिन्हें हमने फेंक दिया था।

यह बहुत ज़रूरी है कि हमें जो श्वास इस समय मिल रही है, उसे स्वीकार करें। हम जीवन की सच्चाई को स्वीकार करें, जो बहुत सुंदर है, बहुत वास्तविक है, बहुत सरल है, और जो एक आशीर्वाद है।

हम इस विचार में उलझे रहते हैं कि यह कैसा होना चाहिए।

अगर आप अपने जीवन में वह खुशी चाहते हैं, तो अपने अंदर एक बालक के हृदय को फिर से खोजें। जब हम एक बार फिर अपने हृदय की शुद्ध आँखों से देखेंगे, तब हम उस उपहार की सराहना कर सकते हैं जो हमें दिया गया है, जीवन का उपहार। हाँ, इसका मतलब है कि मैं जीवित हूँ, मुझे जीवन का उपहार दिया गया है, मुझे इस श्वास का उपहार बार-बार दिया जा रहा है। अपने भीतर आओ और महसूस करो कि तुम्हारे अंदर क्या हो रहा है, उस श्वास का आना और जाना। उस सुंदरता को महसूस करो। उस ऊर्जा को महसूस करो। उस वास्तविकता को महसूस करो।

जिसे आप सचमुच में प्यार करते हैं, वह आपके अंदर है और अपने स्वभाव के कारण वह आपको जीवन के अंत तक नहीं छोड़ सकता। अपने स्वभाव के कारण, हर पल आपके पास आने वाली श्वास आपसे कभी भी अलग नहीं हो सकती।

इससे प्रेम करो क्योंकि यह सुंदर है। इस श्वास को स्वीकार करो। जिस दिन तुम ऐसा करोगे, वह तुम्हारी अब तक की सबसे सुंदर पूजा होगी।

ये यात्रा है, एक जागरूकता की, एक परिवर्तन की- सोने से जागने तक, अस्वीकार करने से स्वीकृति तक, हर श्वास को अनदेखा करने से हर श्वास को स्वीकार करने तक की।

क्या आपके पास इस श्वास के लिए समय है?

क्या आप ऐसा महसूस करते हो, "मुझे तंग मत करो। मैं अपनी श्वास के उपहार को पहचानने में व्यस्त हूँ। मैं जीवन के उपहार को प्राप्त करने में व्यस्त हूँ।"

हर श्वास एक आशीर्वाद है। एक मछुआरे बनो। अपने अंदर एक जाल बिछाओ और जितना हो सके उतने आशीर्वादों को पकड़ो, उन्हें समेटो।

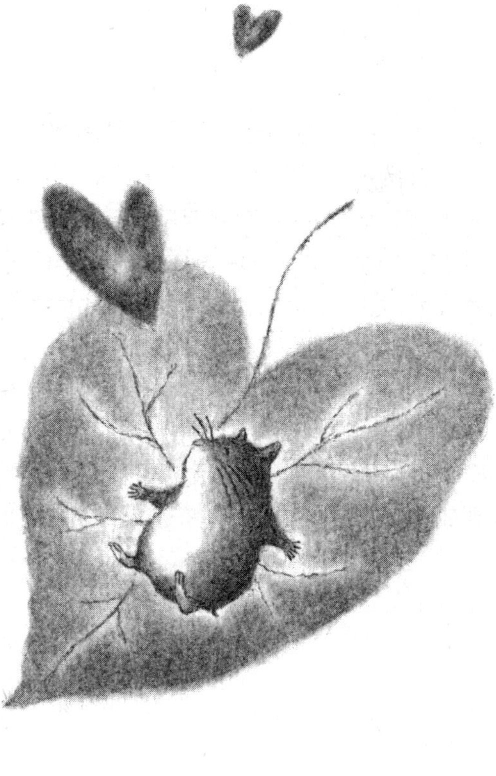

5. जीवन का आनन्द लेना

इस श्वास का आनन्द लें। पूरी दुनिया में कौन आपको अपनी श्वास का आनन्द लेने के लिए कहेगा? लोग आपको अपने भोजन का आनन्द लेने के लिए कहेंगे, सुंदर दृश्यों का आनन्द लेने के लिए कहेंगे, फ़िल्म का आनन्द लेने के लिए कहेंगे, गाने का आनन्द लेने के लिए कहेंगे, हवाई यात्रा का आनन्द लेने के लिए कहेंगे। आपको अपनी श्वास का आनन्द लेने के लिए कौन कहता है?

यदि आप इस अस्तित्व के साथ, इस जीवन के साथ, इस क्षण के साथ, इस श्वास के साथ सहज हो जाएं, तो आपको आनन्द का एक अथाह साम्राज्य प्राप्त होगा।

एक-एक श्वास का आनन्द लेना, उसे समझना और अपने अंदर मुड़ने में सक्षम होना ही जीने की सच्ची कला है।

क्या आप अपने जीवन में उस मुकाम पर पहुंच गए हैं, जहां आप कह सकें कि "मैं जीवन के इस जादू के संपर्क में रहना चाहता हूं जो मेरे अंदर हर पल धड़क रहा है। मैं श्वास की उन तरंगों के साथ रहना चाहता हूं जो आती और जाती हैं।"

छोटे-छोटे समुद्री जीव बार्नेकल कभी-कभी लहरों के साथ समुद्र के किनारे आ जाते हैं। वे बहुत तेज़ी से नहीं चल सकते, जब ज्वार कम हो जाता है, तो वे खुले में आ जाते हैं और सूख जाते हैं। वे ज्वार के फिर से आने का इंतज़ार करते हैं, ताकि उन्हें भोजन मिल सके। उनका सारा अस्तित्व, हर क्षण, उस जीवन के फिर से आने का इंतज़ार करता है।

क्या इन जीवों के पास तेज़ दिमाग़ है? नहीं। अगर उनके पास कुछ है, तो बस इतना कि वे अपना काम चला सकें। लेकिन उन्हें पता है कि समुद्र की लहरें कब आएंगी। उन्हें पता है, और वे इंतज़ार करते हैं।

उनका ध्यान एक ही ओर है। उनका केंद्रबिंदु एक है। उनकी प्राथमिकता एक है। उस चमत्कारी पानी के लौटने का इंतज़ार करना जो उनके लिए खुराक लेकर आएगा, जीवन का सबसे अद्भुत उपहार लेकर आएगा। कोई और यह उपहार नहीं दे सकता। यह दुकानों पर नहीं बिकता। लेकिन यह हर दिन दिया जाता है। हर जगह जीवन का यह उपहार दिया जा रहा है।

और मेरे पास क्या है? मेरे पास ऐसी आँखें हैं जो देख सकती हैं। मेरे पास ऐसे कान हैं जो सुन सकते हैं। मैं महसूस कर सकता हूँ। मैं समझ सकता हूँ। जब मैं समझ सकता हूं तो मैं जीवन के इस उपहार को समझने की कोशिश क्यों नहीं करता? जब यह चमत्कार मेरे जीवन को आकार देता है, तो मैं उस भावना

को अपने अन्दर महसूस करने की कोशिश क्यों नहीं करता हूँ? मुझे उस जीव बार्नेकल की तरह ही अपने जीवन पर ध्यान केंद्रित करने की ज़रूरत है।

जब वह चमत्कार होता है, वह जीव जानता है कैसे जश्न मनाना है। छोटे-छोटे बार्नेकल उठेंगे, अपने छोटे-छोटे पंख बाहर निकालेंगे और पानी में नाचेंगे। जब यह विशाल महासागर किसी भी रूप में गरजते हुए आता है और हर दिन इस नन्हें समुद्री जीव बार्नेकल के लिए एक छोटा-सा उपहार लाता है, यह उसका जश्न मनाने लग जाता है।

वही शक्ति जो उन्हें छूती है, वही हमें भी छूती है। क्या हम जानते हैं कि जब श्वास आती है, जाती है और फिर आती है तो उसका जश्न कैसे मनाया जाता है?

जिस प्रकार प्यासे के लिए पानी की एक बूँद, निराश व्यक्ति के लिए आशा, सूरजमुखी के लिए सूरज, मधुमक्खी के लिए शहद, भूखे के लिए भोजन है, वैसे ही आपके और मेरे लिए हर श्वास का आना और जाना है।

एक चीज़ जिसे हर इन्सान इस्तेमाल कर सकता है और फिर भी उसमें उसकी सबसे ज्यादा कमी है, वह है सराहना! डॉक्टर आपको यह नहीं बताएंगे। यह आपके खून की जांच में नहीं दिखेगा। डॉक्टर सराहना के लिए खून की जांच नहीं करते। लेकिन हम सभी में सराहना की कमी है। हमें जो चीज़ें मिली हैं उनकी खूबसूरती की हमें जानकारी नहीं है। हम इस श्वास की खूबसूरती को नहीं समझते।

एक बार जब आप इस श्वास की खूबसूरती को समझ जाते हैं, तो आप इसकी सराहना किये बिना नहीं रह सकते। इसलिए सराहना करें, आनन्द लें। जब आप उस एहसास का आनन्द लेते हैं तो कभी-कभी आपकी आँखों में दुख के नहीं, बल्कि खुशी के आँसू बहते हैं।

तब आप इन दोनों के बीच का अंतर समझने लगेंगे। आप अंधकार की भावना का अनुभव नहीं करेंगे, बल्कि हृदय से निकलने वाली रोशनी की पहली किरण का अनुभव करेंगे।

यह दर्द या पीड़ा की बात नहीं है। यह इन्द्रधनुष का दूसरा छोर है– हर श्वास का सही मायने में जश्न मनाना। यह इतना सुंदर क्यों है? दुनिया का कोई भी तर्क श्वास को अंदर लेने और हृदय के उपहार का आनन्द लेने की बराबरी नहीं कर सकता है। हृदय आपके अस्तित्व का उतना ही महत्वपूर्ण हिस्सा है, जितना आपका मन। उसे भी उतना ही महत्व दें जितना उसे देना चाहिए। उसे उतना ही समय दें जितनी ज़रूरत है, और आपका जीवन बदलना शुरू हो जाएगा।

जब भ्रम की स्थिति पैदा हो, हमें सजग होने की ज़रूरत है। बर्दाश्त करना कोई अच्छा विकल्प नहीं है। अगर हम खुद को उन चीज़ों के प्रति अचेत होने देंगे तो हम कैसे आगे बढ़ेंगे? हम अपने जीवन में खुशी को कैसे स्वीकार कर पाएँगे? हम इस श्वास के आने और जाने का उत्सव कैसे मना पाएंगे?

मनुष्य को स्वाभाविक रूप से, उस आनन्द का अनुभव करने के लिए बनाया गया है। इसकी कोई सीमा नहीं है। पासे पहले से निर्धारित हैं। यह निष्पक्ष खेल नहीं है। पासे संतुष्ट होने के पक्ष में निर्धारित हैं। ये अंधकार से दूर होने, श्वास के साथ एक होने, आनन्द मनाने, नृत्य करने, शांति के साथ आनन्द में रहने के पक्ष में पहले से ही निश्चित कर दिये गये हैं।

यह कोई दिखावटी खेल नहीं है।

आप जो समझ पाते हैं वह यह श्वास है, यह क्षण है जिसे 'अब' कहते हैं। इसमें आप संतुष्टि को जान पाते हैं।

झूलो! इस श्वास के झूले में झूलो। फिर से बच्चे बन जाओ।

एक श्वास, फिर दूसरी और फिर तीसरी। यह आपके जीवन की सबसे महत्वपूर्ण चीज़ है।

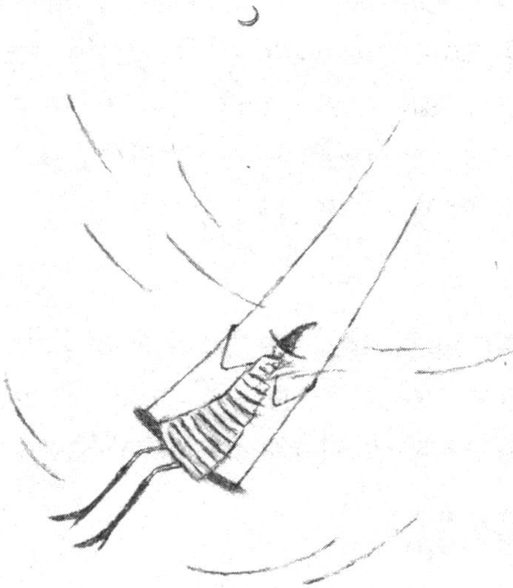

लोग आश्चर्य करते हैं, "कोई फूल एक ख़ास तरह से क्यों महकता है या दिखता है?" आप शायद कभी न जान पाएं। फूल उस मधुमक्खी के लिए बना है, आपके लिए नहीं। आपके पास प्रकाश का वह स्पेक्ट्रम, वह विस्तार नहीं है जिसे मधुमक्खी देख सकती है। महत्वपूर्ण बात यह है कि फूल उस मधुमक्खी के लिए अपना रस पेश करता है।

आप उस छोटे से फूल को अपनी नाक के पास लाते हैं और कहते हैं, “कितना सुंदर है! हम्म। अच्छी खुशबू आ रही है।” लेकिन वह छोटी मधुमक्खी फूल को देखती है और कहती है, “हम्म। मैं आ रही हूँ। क्या आपके पास मेरे लिए मीठा रस है? मुझे दे दो।” और वह अपने छोटे-छोटे पंखों से उड़ती है तथा फूल व रस को ढूँढ़ लेती है।

आपके पास बड़ी नाक है, आपके पास जीपीएस है, आपके पास सेल्युलर फोन है और आपके पास 747 विमान है, लेकिन जब बात उस फूल से थोड़ा सा रस इकट्ठा करने की आती है, तो मधुमक्खी आपको टेक्नोलोजी में हरा देती है।

एक बार मधुमक्खी शहद बना ले तो आप उसे अपने 747, गल्फस्ट्रीम, लीयरजेट और सिटेशन नामक विमानों में ले जा सकते हैं। लेकिन मधुमक्खी के पास शहद बनाने और उसका आनन्द लेने की तकनीक है।

आपको भी मधुमक्खी बनकर जीवन के फूल की तलाश शुरू करनी होगी। हर श्वास में एक फूल है और हर फूल में थोड़ा सा अमृत है। अपने पंख फैलाओ और हर श्वास में उस फूल और अमृत को पाकर तृप्त हो जाओ। अपने श्वास रूपी फूलों से एकत्रित अत्यन्त मीठे शहद से अपने हृदय का प्याला भर लें।

मैं बैठूंगा और अपनी श्वास का स्वागत करूंगा। मैं अपने भीतर जाऊंगा और अपने हृदय में शांति महसूस करूंगा। मैं आनन्द को महसूस करूंगा और इसे अपने जीवन में आने दूंगा। मैं अपनी सरलता को स्वीकार करूंगा। मैं अपनी श्वास को स्वीकार करूंगा और खुली बाहों से अपने भीतर बसे आनन्द और सुंदरता को गले लगाऊंगा।

आप अपने जीवन में आनन्द के आदी होना चाहते हैं। आप यही चाहते हैं। लोग गहरी श्वास लेते हैं और इसे आह भरना कहते हैं। जो व्यक्ति उस श्वास

का मतलब समझता है, वह हर आने वाले दिन और पल का स्वागत करता है। यह कितना सुंदर है। यह कितना कीमती है। क्योंकि हम जिस मंजिल तक पहुंचने का प्रयास कर रहे हैं, उसका एक सुंदर उद्देश्य है: संतुष्ट होना।

6. एक आभारी हृदय

हर वह दिन जिसमें हम जीवन के इस उपहार के लिए आभारी हो सकते हैं, वह जीने लायक है। उस दिन का चक्र पूरा हो गया। सूरज व्यर्थ नहीं उगा। सूरज व्यर्थ नहीं डूबा। जो श्वास आई वह व्यर्थ नहीं गई। इस धरती का घूमना, सारे ब्रह्माण्ड की गति व्यर्थ नहीं गई।

ज्यादातर लोग हर दिन क्या महसूस करते हैं? उन्हें उलझन महसूस होती है। वे खुद से क्या पूछते हैं? "आखिर हम कहाँ जा रहे हैं?"

हम मनुष्य सबसे भाग्यशाली हैं। हमें यह नहीं पूछना चाहिए कि, "यह दिन कहाँ जा रहा है?" हमें कहना चाहिए, "यह जहाँ भी जा रहा है उसके लिए

आपको धन्यवाद। आपको इस श्वास के लिए, इस जीवन के लिए, आज के लिए धन्यवाद!"

मैं इस अस्तित्व की शक्ति से भावविभोर हूँ। मैं इस श्वास की शक्ति से अभिभूत हूँ। मैं उस शक्ति से हैरान हूँ जो चलती है, आकार देती है, धकेलती है, ढालती है और विकसित होती है।

मेरा भी वही जीवन है, वही अस्तित्व है। और मुझे अपने जीवन में हर दिन इस अस्तित्व, इस श्वास का सबसे शानदार आभार प्रस्तुत करने के लिए, हर संभव प्रयास करना चाहिए।

जब मैं अपने आपमें होता हूँ, तो मैं सबसे ज्यादा खुश रहता हूँ। इसका मतलब यह नहीं है कि मैं अकेला हूँ। इसका अकेले होने से कोई लेना-देना नहीं है। जब मैं अपने आपमें होता हूँ– जो मैं स्वयं हूँ, जो श्वास लेता हूँ और

अपने जीवित होने के लिए दिल से आभार महसूस करता हूँ। मैं वास्तव में यही हूँ! इस आभार के साथ कि मैं जीवित हूँ।

इस बात का आभारी होना कि मैं जीवित हूं। इस जीवन के लिए, इस श्वास के लिए आपको धन्यवाद! इस अस्तित्व के लिए आपको धन्यवाद!

लोग पूछते हैं- "अच्छा! मैं किसका धन्यवाद कर रहा हूँ?" इससे क्या फर्क पड़ता है? जिसे धन्यवाद देना है, वह धन्यवाद पा जाएगा।

आप श्वास की व्याख्या नहीं कर सकते। आपको श्वास लेने की ज़रूरत है। इसे समझाया नहीं जा सकता। इसे केवल महसूस किया जा सकता है। अगर आप इसे समझना शुरू करते हैं, तो आपके लिए एक अलग ही दरवाजा खुल जाता है। व्याख्याओं के ज़रिए नहीं, बल्कि इस जीवन की कीमत और आनन्द को महसूस करके। असली जिम्मेदारी उस परम शक्ति के प्रति आभार व्यक्त करना है, जिसने आपका जीवित होना संभव बनाया है।

कृतज्ञता ऐसी होनी चाहिए, जो केवल एक पल के लिए नहीं हो, बल्कि निरंतर प्रवाहित होती रहे। और जिस चीज़ के लिए मैं आभारी हूँ वह है – यह श्वास, यह जीवन! अगर आप इसके लिए आभारी नहीं हैं तो इससे कोई फर्क नहीं पड़ता कि आप और किस चीज़ के लिए आभारी हैं। क्योंकि इस श्वास के बिना, इस जीवन के बिना, इस अस्तित्व के बिना, कुछ भी नहीं है।

इस श्वास की शक्ति आपके अंदर आती है, भले ही आप उन सभी चीज़ों से घिरे हुए हों जो इसे चुरा सकती हैं। आपके अंदर एक समझ है जो सभी अज्ञानताओं को चुनौती देती है। आपके अंदर का प्रकाश आपके चारों ओर के अंधकार को चुनौती देता है। आपके अंदर एक कुआं है जो आपके चारों ओर के सूखे को चुनौती देता है। जिस दिन आप उस ज्ञान को खोज लेंगे, जिस दिन आप उस प्रकाश को खोज लेंगे, जिस दिन आप उस सुंदरता को खोज लेंगे, आप कृतज्ञता से भर जाएंगे।

अपनी आखिरी श्वास में भी, आपको इस जीवन के लिए आभारी होना चाहिए। यह एक अच्छा लक्ष्य है। यह मेज़बान को धन्यवाद देने जैसा है। "अरे! यह जीवन बहुत अच्छा बीता। यह एक शानदार और सुन्दर यात्रा रही। यह एक अद्भुत समय था।"

वे लोग भाग्यशाली हैं जो अपने जीवन में उन आशीर्वादों को स्वीकार कर सकते हैं जो उन्हें मिले हैं। विनम्रतापूर्वक यह कहने में सक्षम होना, "हाँ, हाँ, मैं श्वास लेता हूँ। मैं हर श्वास के लिए आभारी हूँ, वह हर एक श्वास जो मेरे अंदर आती है और बाहर जाती है।"

प्रार्थना का सबसे सुन्दर रूप है: कृतज्ञता व्यक्त करना।

III

श्वास के माध्यम से शांति

1. खाली छोड़ा हुआ खेत

शांति एक बुनियादी आवश्यकता है, यह कोई सांसारिक सुख-सुविधा नहीं है। शांति एक शब्द नहीं, यह एक अनुभव है।

जैसे हमें सोने की ज़रूरत है, भोजन की ज़रूरत है, पानी की ज़रूरत है, श्वास लेने की ज़रूरत है, वैसे ही हमें अपने जीवन में शांति की ज़रूरत है।

उस शांति के बिना, हमारा काम करने का तरीका बिखर जाता है, हमारी बुनियादी सोच बिखर जाती है, हमारी धारणाएं टूट जाती हैं, हम एक मनुष्य के रूप में कार्य नहीं कर पाते। यही कारण है कि शांति महत्वपूर्ण है।

शांति हर व्यक्ति के अंदर पहले से ही मौजूद है। यह अच्छी बात है, बस उसको अपनाने की ज़रूरत है।

बगीचे और खाली पड़े खेत में क्या अंतर है? बगीचे की देखभाल की जाती है। उसमें गुलाब के पौधे लगाए जाते हैं। पौधों को पानी दिया जाता है। इसकी वजह से वहां सुंदर फूल खिलेंगे। खाली पड़े खेत में भी चीज़ें उग जाती हैं। लेकिन वे खरपतवार और कूड़ा-करकट हैं।

दुनिया में अशांति और तकलीफ इसलिए है, क्योंकि जीवन रूपी खेत को खाली छोड़ दिया गया है।

स्वर्ग और नरक

एक राजा अपने पड़ोसी राज्य पर हमला करना चाहता था। इसलिए रात भर वह सोचता रहा, "मैं मर सकता हूँ! मुझे युद्ध में मारा जा सकता है। क्या मैं स्वर्ग जाऊंगा, क्या मैं नरक जाऊंगा? क्या मैं स्वर्ग जाऊंगा, क्या मैं नरक जाऊंगा?" सारी रात उसे यही बात सताती रही, "मैं स्वर्ग जाऊंगा या नरक, स्वर्ग या नरक, स्वर्ग या नरक?"

अगले दिन वो युद्ध के लिए तैयार हुआ, उसने कवच पहना और अपने घोड़े पर सवार हुआ। उसने एक बड़ी सेना के साथ प्रस्थान किया। लेकिन वह अभी भी इस विचार से परेशान हो रहा था, "क्या मैं स्वर्ग जाऊंगा? स्वर्ग क्या है? नरक क्या है? स्वर्ग क्या है? नरक क्या है?" यह चिंता उसे परेशान कर रही थी, सचमुच में बहुत परेशान कर रही थी।

फिर उसने एक विद्वान व्यक्ति को सामने से आते देखा। वह विद्वान व्यक्ति के पास गया, घोड़े से उतरा और बोला, "मेरा एक प्रश्न है: स्वर्ग क्या है? और नरक क्या है?" विद्वान व्यक्ति ने उत्तर दिया, "क्षमा करें मेरे पास समय नहीं है। मैं कहीं जा रहा हूं। मुझे देर हो रही है।"

इस बात को सुनकर राजा बहुत क्रोधित हुआ, "क्या आप जानते हैं कि मैं कौन हूँ? मैं राजा हूँ! और मैंने आपसे एक साधारण सा प्रश्न पूछा था, स्वर्ग क्या है, नरक क्या है, और आप मुझे जवाब नहीं दे सकते! आपको क्या हो गया है?" राजा का क्रोध बढ़ता गया। वह और अधिक क्रोधित होने लगा।

विद्वान व्यक्ति ने कहा, "राजा, इस समय आप नरक में हैं।" राजा को धक्का लगा! लेकिन तुरंत उसे एहसास हुआ, "हे भगवान, यह आदमी वास्तव में बुद्धिमान है! मैंने ये क्या किया? मैं उस पर चिल्ला रहा था।" राजा ने कहा, "मुझे बहुत खेद है! मुझे इसका एहसास नहीं था, आप बिल्कुल सही हैं। आपका समझाने का तरीका बहुत प्रभावी

और सुन्दर है। मुझे इस बात का एहसास कराने के लिए, मैं आपका बहुत आभारी हूँ! आपका धन्यवाद! बहुत-बहुत धन्यवाद! मैं अब स्पष्ट हूं। मैं समझ गया! वो सच में नरक था।"

और विद्वान व्यक्ति ने कहा, "राजा, अब आप स्वर्ग में हैं।"

क्या आप स्वर्ग में हैं? यदि आप स्वर्ग में नहीं हैं तो आपको वहाँ होना चाहिए। नरक आपके लिए अच्छा नहीं है।

आपको हर दिन आशा, स्वर्ग और शांति को महसूस करने की ज़रूरत है। केवल एक बार ही पर्याप्त नहीं है।

क्या आप अपने जीवन में सिर्फ एक बार खाना खाकर जिंदा रह सकते हैं? नहीं! क्या आपको हर दिन पानी पीने की ज़रूरत है? हाँ! क्या आपको हर रात सोने की ज़रूरत है? हाँ! इसी तरह, आपको हर दिन शांति में रहने की ज़रूरत है।

शांति में रहने की प्रेरणा तब मिलती है, जब आप अपने हृदय की पुकार सुनते हैं। हम अपने हृदय की इस पुकार को नहीं सुनते जो चाहती है कि संतुष्ट हो जाओ। खुश रहो। हर दिन कृतज्ञता महसूस करो। सब चमत्कारों के चमत्कार इस श्वास के आने-जाने से प्रेरणा लो।

हम भूल गए हैं कि जीवित होने का क्या अर्थ है। अपने अस्तित्व का जश्न मनाने के बजाय, हम एक-दूसरे को मारने के लिए तैयार हैं। कारण चाहे जो भी हो, यह शर्मनाक है!

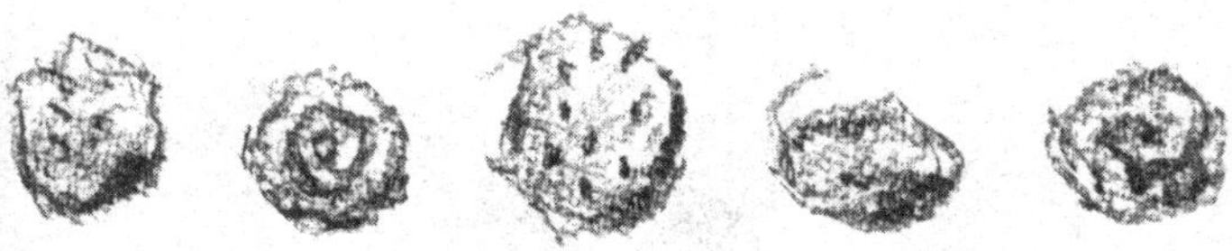

लोग कहते हैं, "इस दुनिया में बहुत से लोग भूखे हैं।" आपको क्या लगता है कि वे भूखे क्यों हैं? क्या उन्हें ऐसे ही बनाया गया है? नहीं! वे मनुष्य के लालच के कारण भूखे हैं। आपको लगता है कि पर्याप्त अनाज का उत्पादन नहीं होता है? नहीं! इस धरती पर कुल पैदावार का आधा हिस्सा हर साल नष्ट कर दिया जाता है। इससे सभी लोगों को आसानी से खाना खिलाया जा सकता है।

गरीबी! किसने बनाई गरीबी? लोगों ने गरीबी बनाई। यह लालच के कारण है: "मेरा- मेरा-मेरा!"

राजा की शाही मिठाई

एक राजा ने अपने रसोइये को बुलाया। उसने कहा, “मैं चाहता हूँ कि आज आप मेरे लिए सबसे स्वादिष्ट मिठाई बनाओ।” रसोइये ने सिर हिलाया और वापस रसोईघर में चला गया। यह कोई अनुचित बात नहीं थी, लेकिन हर दिन ऐसा होता था। राजा हर रात सबसे स्वादिष्ट मिठाई चाहता था। रसोइया प्रतिदिन यही बात सुनकर परेशान होने लगा था। हर रात जब राजा भोजन करता था तो रसोइया चाहे जो भी बना ले, राजा संतुष्ट नहीं होता था। “सबसे स्वादिष्ट मिठाई!” यही बात रसोइया हर रात सुनता रहा। खैर, आज वह ऐसा कुछ बनाने वाला था जो राजा को हमेशा याद रहे। और राजा ने इसे याद रखा!

रात के खाने के बाद, राजा के सामने सबसे शानदार मिठाई लाई गई। उसकी सुगंध से पूरा महल महक उठा। जिसने भी इसे सूंघा उसके मुंह में पानी आने लगा। आज रात रसोइये ने कमाल कर दिया था।

जैसे ही राजा मिठाई खाकर उसके सुन्दर स्वाद का आनन्द लेने लगा, उसने देखा कि मिठाई की बढ़िया खुशबू से आकर्षित होकर, सारे महल के चूहे धीरे-धीरे राजा के शाही भोजन-कक्ष में एकत्र हो रहे थे। वे हर जगह थे। खाने की मेज़ चूहों से भरने लगी। वे पर्दों पर रेंग रहे थे और राजा की दाढ़ी तक को नहीं बख्शा जा रहा था, क्योंकि चूहे बची हुई मिठाई का छोटे से छोटा कण भी खोज रहे थे।

यह एक शाही आपदा थी। हर जगह चूहे थे – कालीन, पेंटिंग और पर्दों पर! अभी भी बहुत से और चूहे आ रहे थे।

समस्या से निपटने के तरीके का पता लगाने के लिए राजा को एक आपातकालीन बैठक बुलानी पड़ी। अपना गला साफ करते हुए राजा ने कहा, "हमें क्या करना होगा? हम पर चूहों ने हमला कर दिया है। अगर किसी के पास कोई सुझाव है तो बताओ।"

मंत्रियों ने आपस में मंत्रणा की और कहा, "महाराज! हम इस निष्कर्ष पर पहुँचे हैं कि चूहों को भगाने के लिए बिल्लियों को बुलाना चाहिए।" राजा को यह बात सही लगी। सेनापति को बुलाया गया और आदेश दिया गया कि राज्य की सभी बिल्लियों को इकट्ठा करके तुरंत महल में लाया जाए।

जल्द ही महल में चारों तरफ बिल्लियाँ ही बिल्लियाँ दिखाई देने लगीं और इससे चूहों से तो छुटकारा मिल गया, लेकिन अब महल बिल्लियों से भर गया था। बिल्लियाँ ही बिल्लियाँ हर जगह! वे हर जगह खरोंच रही थीं, शाही फर्नीचर पर आराम कर रही थीं, शाही पर्दों पर अपने पंजे मार रही थीं। उनकी लगातार म्याऊं-म्याऊं और गुर्राहट की आवाज़ें लगभग बहरा कर देने वाली थीं।

एक और बैठक का समय आ गया था। राजा ने चर्चा शुरू की, "अच्छा, कोई और उपाय है?" पहले की तरह मंत्रियों ने ज़ोरदार बहस शुरू कर दी। कुछ समय बाद उन्होंने घोषणा की, "राजन! हम आपको यह सलाह देते हैं कि यहां कुत्तों को लाया जाए, क्योंकि बिल्लियों को कुत्ते पसंद नहीं हैं।" सेनापति को बुलाया गया और राज्य के सभी कुत्तों को इकट्ठा करके महल में लाने का आदेश दिया गया।

जल्द ही बिल्लियों की जगह कुत्तों ने ले ली। अब कुत्तों के भौंकने की आवाज़ के अलावा कुछ नहीं था, और कुत्ते सब जगह गंदगी फैला रहे थे।

एक और बैठक का समय आ गया था और इस बार यह निर्णय लिया गया कि चूंकि कुत्ते बाघों से डरते हैं, इसलिए सारे राज्य के बाघों को इकट्ठा करके महल में लाया जाना चाहिए। जल्द ही कुत्ते गायब होने लगे और महल बाघों से भरने लगा। यह एक गंभीर समस्या बन गई! बाघ न केवल खूंखार थे, बल्कि किसी की भी हिम्मत नहीं थी कि वह अपनी उंगली भी हिलाए, क्योंकि उन्हें डर था कि बाघ उन पर हमला कर सकते हैं।

बड़ी मुश्किल से एक और बैठक बुलाई गई और यह तय किया गया कि महल में तुरंत हाथियों को बुलाया जाए, क्योंकि बाघ हाथियों से डरते हैं।

जैसे ही हाथी आने लगे, बाघ भाग गए और सब कुछ पहले से भी ज्यादा गड़बड़ होने लगा।

अब पूरा महल हाथियों से भर गया था और हिलने-डुलने की जगह भी नहीं रह गई थी। हाथी सामान तोड़ रहे थे और यह तबाही पूरी तरह बरदाश्त से बाहर थी। जल्दी ही महल हाथियों की लीद से भरने लगा। चारों ओर असहनीय बदबू भर गयी।

खैर, एक और बैठक का समय आ गया था और इस बार यह तय किया गया कि चूहों को बुलाया जाए, क्योंकि हाथी चूहों से डरते हैं। सेनापति ने उनकी बात मान ली और जैसे ही चूहे आने लगे, हाथी

चले गए। जब हर जगह चूहे थे तो महल में मौजूद हर व्यक्ति ने अपने को वहीं पाया, जहां से सब शुरू हुआ था।

राजा को अब एहसास हुआ कि वास्तव में पूरी गड़बड़ी के लिए वह स्वयं जिम्मेदार था। अगर उसमें लालच नहीं होता तो ऐसा कभी नहीं होता।

समस्याएँ हम ही बनाते हैं और समाधान भी हमारे ही पास होते हैं। अपने आपको ढूंढ़िए, अपने अस्तित्व को खोजिए क्योंकि जिस चीज़ की आपको ज़रूरत है, वह सब कुछ आपके पास ही है। हृदय की भाषा सीखिए और महसूस कीजिए कि आप अब तक क्या खो रहे हैं।

लड़ाई सिर्फ सीमाओं पर ही नहीं होती। लड़ाई देश के अंदर भी हो सकती है। लड़ाई शहर के अंदर भी हो सकती है। लड़ाई घर के अंदर भी हो सकती है। लड़ाई हमारे अंदर भी हो सकती है।

युद्ध मनुष्य के मन में शुरू होता है। संघर्ष बाहर से शुरू नहीं होता। संघर्ष अंदर से शुरू होता है और उसका समाधान भी अंदर ही होता है।

क्या आप जानते हैं कि अपने अंदर हो रहे युद्ध के बीच में रुककर, अपने भीतर निरंतर नृत्य करती हुई शांति को महसूस करना कैसा होता है?

कुछ साल पहले एक फोटोग्राफर ने एक प्रयोग करने का फैसला किया। उसने एक बहुत बड़ा स्टेनलेस स्टील का आईना लिया और उसे जंगल में रख दिया। बंदर सबसे ज्यादा नटखट होते हैं, इसलिए वे आईने के सामने आकर खड़े हो गए। वे चीखने लगे, अपने दांत दिखाने लगे, फिर आईने पर मारने लगे और घबराकर भागने लगे।

तभी एक बड़ा गोरिल्ला आया। वह शीशे के सामने खड़ा हो गया और चिल्लाया। उसने अपनी छाती पीटते हुए पूछा, "तुम कौन हो?" वह बहुत गुस्से में था। वह चिल्लाया और फिर से अपनी छाती पीटने लगा। वह आगे-पीछे, आगे-पीछे, आगे-पीछे घूमता रहा। क्यों? क्या तुम्हें पता है क्यों? वह खुद को पहचान नहीं पाया। वह गोरिल्ला जिसे देख रहा था, वह कोई दुश्मन नहीं था। वह खुद स्वयं था। गोरिल्ला खुद अपना सबसे बड़ा दुश्मन बन रहा था।

क्या हम आईने में देखकर भी खुद को पहचान नहीं पा रहे हैं? जब हम एक-दूसरे को मारते हैं, तो हम खुद को ही मारते हैं, जब हम एक-दूसरे को लूटते हैं, तो हम खुद को ही लूटते हैं।

क्योंकि आप सब एक-दूसरे के प्रतिबिंब हैं। आप सब उस दर्पण में एक-दूसरे के प्रतिबिंब हैं। जब आप एक-दूसरे पर गुस्सा होते हैं, तो आप केवल खुद पर गुस्सा करते हैं। जब आप झूठ बोलते हैं, तो आप अपने आपसे झूठ बोलते हैं। जब आप एक-दूसरे को नुकसान पहुँचाते हैं, तो आप केवल खुद को नुकसान पहुँचाते हैं। क्योंकि आप नहीं पहचानते कि यह आप ही हैं।

कोई ताइवान में रहता है, कोई चीन में रहता है, कोई जापान में रहता है, कोई भारत में रहता है, कोई कनाडा में रहता है, कोई अमेरिका में रहता है, कोई मैक्सिको में रहता है, कोई अर्जेंटीना में रहता है, कोई ब्राज़ील में रहता है, कोई इंग्लैंड में रहता है। क्या आपको लगता है कि इनमें कोई अंतर होगा? वे अलग-अलग भाषाएँ बोलते हैं, अलग-अलग तरह का खाना खाते हैं, उनमें से कुछ तो सड़क की उल्टी साइड पर गाड़ी भी चलाते हैं!

लेकिन वे सभी सुख-दुख, आशा-निराशा का अनुभव करते हैं। सारी दुनिया में हर जगह हम एक जैसा अनुभव करते हैं। हो सकता है कि हम अलग-अलग शब्दों का प्रयोग करते हों लेकिन बात एक ही है।

शांति सबके अंदर है और हमेशा रहेगी। सवाल यह है कि आप इसे महसूस क्यों नहीं कर पाते? हम शांति महसूस नहीं कर पाते क्योंकि हमारे और शांति के बीच बहुत कुछ ऐसा आ जाता है, जो वास्तविक नहीं है। लोग दूसरे देशों से आते हैं और आप कहते हैं, "ओह! वह व्यक्ति अलग होगा।" हमने इमारतें, हवाई जहाज और कारें बनाना सीखा है। हमने बहुत सी चीज़ें बनाना सीखा है। हमने युद्ध करना भी सीखा है। और हमने युद्ध के लिए हथियार बनाना भी सीखा है। लेकिन हमने शांति से रहना नहीं सीखा।

लोग धर्म के नाम पर लड़ते हैं। जहाँ उन्हें मनुष्य जीवन का आदर करना चाहिए, वहाँ वे इसे तुच्छ समझते हैं। पता नहीं क्या हुआ है कि हम ऐसे मुकाम पर पहुँच गए हैं, जहाँ एक-दूसरे के लिए बुनियादी सम्मान खत्म हो गया है। चाहे कोई हिन्दू, मुस्लिम या ईसाई हो, किसी को भी देखकर यह कहना कि आपस में मिलजुल कर रहने का आनन्द लें, चाहे वे जिस धर्म में भी विश्वास करते हैं, उसका आनन्द लें। यह कैसा रहेगा? अब तो अचानक यह हो जाता है, "नहीं! मैं तुमसे बेहतर हूँ।"

यह कब तक चलेगा? मैं शांति के लिए एक आवाज़ हूँ। बस एक छोटी सी आवाज़। लेकिन जब मेरी आवाज़ उन सभी लोगों के साथ जुड़ती है जो शांति चाहते हैं, तो यह बहुत बड़ी आवाज़ बन जाती है।

दुविधा, पागलपन, हताशा, लालच ! विश्वास नहीं होता कि इस दुनिया में कितना लालच है।

काश! शांति के लिए लालच होता। काश! एक-दूसरे की मदद करने के लिए लालच होता।

लेकिन नहीं। लालच तो बस किसी तरह अपनी जेब भरने के लिए है। लोगों के लिए लालच, क्रोध, डर यही मायने रखते हैं।

लोग कहते हैं "विश्व शांति संभव नहीं है क्योंकि इस संसार में बहुत लालच है।" मैं इस बारे में सोच रहा था। "लालच! लालच! इस दुनिया में बहुत

लालच है।” फिर मैंने सोचा, “अच्छा, लालच की कोई काट तो होनी ही चाहिए।” और मुझे वह मिल गई, जिसे सराहना कहते हैं।

लालची लोग कभी भी सराहना नहीं कर सकते। वे कर ही नहीं सकते! लेकिन जैसे ही वे सराहना करना शुरू करते हैं, आप जानते हैं क्या होता है?

आपके अन्दर जब मानवता होती है तो क्या आप जानते हैं कि आपका स्वभाव कैसा हो जाता है? जब आपको कुछ पसंद आता है– जैसे रेडियो पर जब आपकी पसंद का कोई गाना बज रहा होता है तो आप वॉल्यूम बढ़ा देते हैं। आप उसे सबके साथ बांटना चाहते हैं!

आप बांटना चाहते हैं। आप रसोई में कुछ पका रहे हैं जो बहुत स्वादिष्ट बना है। क्या होता है? तब आप इसे और लोगों को भी चखने के लिए कहते हैं। आपने कोई सुंदर ड्रेस पहनी है और आप सुंदर दिख रहे हैं। आप क्या करना चाहते हैं? आप लोगों को दिखाना चाहते हैं।

दुनिया में इतने लालच के बावजूद प्रशंसा अभी भी मौजूद है। और प्रशंसा लालच को खत्म कर देती है।

लेकिन लोग इस जीवन की सराहना नहीं करते क्योंकि वे सिर्फ एक ही रास्ते पर चलते हैं: “और ज्यादा। और ज्यादा। और भी ज्यादा।” अगर वे इसकी

सराहना करना शुरू कर दें, अगर वे वास्तव में जो उनके पास है उसका आनन्द लेना शुरू कर दें, तो वे कहेंगे- "वाह! यह अच्छा है। मुझे इसे औरों के साथ बांटना चाहिए।" क्योंकि यह मनुष्य का स्वभाव है। और आप एक मनुष्य हैं।

अगर युद्ध का न होना शांति है तो फिर युद्ध खत्म होने के बाद फिर से युद्ध क्यों शुरू हो जाते हैं? क्योंकि यह केवल रणनीतिक शांति है। रणनीतिक शांति, वह शांति नहीं है जो आपके भीतर रहती है। युद्ध एक संकेत है, बीमारी नहीं। जब लोग शांति में होते हैं तो यदि वे निर्णय लें तो युद्ध खत्म हो सकते हैं, क्योंकि असली युद्ध अपने आपसे शुरू होता है।

बहुत समय पहले, युद्ध में सबसे आगे राजा को ही जाना पड़ता था। उस समय समझौते ज्यादा होते थे, क्योंकि कोई भी मरना नहीं चाहता था। आज, वही राजा बड़े-बड़े महलों में रहते हैं, और लड़ने-मरने के लिए दूसरे लोगों को भेजते हैं।

अगर आपको वाक़ई युद्ध की ज़रूरत है, तो एक इलेक्ट्रॉनिक कंपनी से एक वीडियो गेम बनवाएँ और दोनों देशों के लीडर उसे खेलें। जो जीते, वही विजेता हो! यह काफ़ी होगा।

युद्ध होने पर कौन मारा जाता है? युद्ध होने पर निर्दोष लोग मारे जाते हैं। मुख्य साज़िश करने वाले नहीं, निर्दोष लोग मारे जाते हैं। बच्चे मुसीबत झेलते हैं। ये वो बच्चे हैं जो कभी अपने पिता को नहीं देख पाएंगे, जो कभी अपने पिता को नहीं जान पाएंगे। जहाँ शांति होनी चाहिए, जहाँ आनन्द होना चाहिए, जहाँ प्यार होना चाहिए, वहां वे अपने दिल में नफरत लेकर बड़े होंगे। उनके अन्दर उस देश के प्रति नफरत होगी जिसने उनके पिता को मार डाला। यह कितना दुःखद है!

शांति सिर्फ एक विचार नहीं है। यह एक ज़रूरत है।

तुम कितने मूल्यवान हो? अनमोल! जब तक अविनाशी तुम्हारे भीतर है, तब तक तुम अनमोल हो। जब अविनाशी चला जाएगा, कुछ नहीं बचेगा। आप स्वयं का सम्मान करना नहीं जानते। कुछ तो गड़बड़ है। आप सिर्फ बाहरी

डब्बे को देख रहे हैं, उसके अंदर क्या है, उसको नहीं। जिस दिन आपको यह पता चल जाएगा कि उसमें क्या है, उसी दिन शांति का विचार आपको समझ में आने लगेगा।

आज दुनिया में जो हो रहा है, यदि वही होता रहा तो मानव जाति लंबे समय तक नहीं बचेगी। यह अपना ही विनाश करने जैसी स्थिति है! एक व्यक्ति दूसरे व्यक्ति को क्यों मारता है? क्योंकि वे तो उस व्यक्ति को जानते ही नहीं हैं, जिसे वे मारने जा रहे हैं। वे दूर खड़े हैं; उनके पास एक बंदूक है। वे बंदूक तानते हैं, छोटी सी दूरबीन से निशाना लगाते हैं और कहते हैं, "ये चली मेरी बन्दूक!" धाँय! और वह व्यक्ति मर जाता है। एक व्यक्ति केवल एक बटन दबाकर ऐसे किसी भी देश के लाखों लोगों को मार सकता है, जहां वह कभी गया ही नहीं।

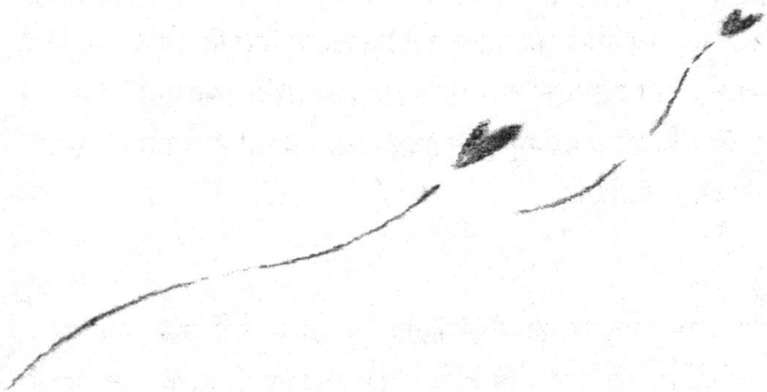

मैं शांति के लिए वचनबद्ध हूँ। दुनिया भर में अपनी यात्राओं में, मैंने बहुत-सी चीज़ों का अनुभव किया है, जिनमें सबसे हैरान करने वाली बात यह है कि लोग बताते हैं कि शांति क्यों नहीं हो सकती। लोग लक्षणों पर ध्यान देते हैं, लेकिन बीमारी पर नहीं। मेरी कोशिश बीमारी को खत्म करने की है। बीमारी है: स्वयं के संपर्क में नहीं रहना, स्वयं को नहीं पहचान पाना।

यदि हम बीमारी का ख्याल नहीं रखेंगे तो बीमारी के लक्षण कभी खत्म नहीं होंगे। और हम सब लोगों को यह पता है कि लक्षण कैसे दिखते हैं – लालच, युद्ध, स्वार्थ, हिंसा और एक-दूसरे पर बढ़ता हुआ अविश्वास। शांति एक असली चीज़ है। शांति हर मनुष्य के हृदय में वास करती है। शांति हम सबके अन्दर से आनी चाहिए।

जब आप अपने जीवन में उस आनन्द का अनुभव करते हैं, जब आप इस श्वास की कीमत को समझ पाते हैं, तब आप सचमुच में समझना शुरू करते हैं कि जीवन क्या है।

इस दुनिया को यह समझने की ज़रूरत है कि यह जीवन किसलिए है। विनाश के लिए जितनी अधिक ऊर्जा खर्च की जाती है, उसकी तुलना में लोगों के जीवन में शांति लाने के लिए जो प्रयास होना चाहिए, वह नहीं के बराबर है।

शांति का मतलब धरती पर स्वर्ग होना है। शांति का मतलब है अच्छे समय का होना। शांति का मतलब है जीवन का आनन्द लेना। शांति का मतलब है विकास, विनाश नहीं।

यह शांति का अभ्यास करने का समय है। यह सचेत होने का, अभ्यास करने का समय है। यह दयालुता का अभ्यास करने का समय है। यह एक-दूसरे को गले लगाने का अभ्यास करने का समय है। यह बुद्धिमानी के दिखावे का नहीं, बल्कि बुद्धिमान होने का समय है। यह शांति पसंद करने के दिखावे का नहीं, बल्कि शांति पसंद करने का समय है। यह शांति होने के दिखावे का नहीं, बल्कि शांति पाने का समय है।

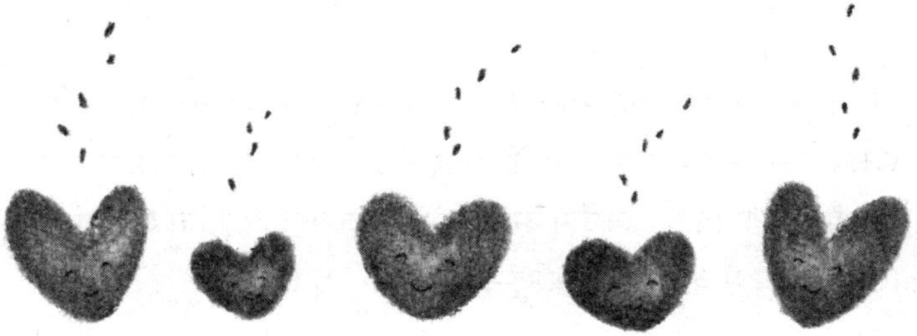

2. एक समय में एक कदम

अगर हम लालच का अभ्यास करते हैं, तो हम उसमें अच्छे हो जाएँगे। अगर हम शांति का अभ्यास करते हैं, तो हम उसमें अच्छे हो जाएँगे। अगर हम क्रोध का अभ्यास करते हैं, तो हम उसमें अच्छे हो जाएँगे। अगर हम भेदभाव का अभ्यास करते हैं, तो हम उसमें अच्छे हो जाएँगे। अगर हम एक-दूसरे को करुणा से देखने का अभ्यास करते हैं, तो हम उसमें अच्छे हो जाएँगे। तो आप किस चीज़ का अभ्यास कर रहे हैं?

अगर मनुष्य युद्ध शुरू कर सकते हैं, तो वे निश्चित रूप से शांति भी स्थापित कर सकते हैं। कोई भी दूसरा व्यक्ति हमारे लिए शांति नहीं ला सकता। शांति किसी पैकेज या किसी बक्से में आने वाली चीज़ नही है। शांति आसमान से बारिश के रूप में आने वाली वस्तु नहीं है।

इस पृथ्वी पर शांति की संभावना, हर मनुष्य को पहले से ही दे दी गई है। हमें अपने अंदर शांति की ज़रूरत को पहचानना होगा। और फिर एक ऐसा माहौल बनाना होगा, जहाँ लोग अपने जीवन में शांति महसूस करने के लिए स्वतंत्र हो सकें।

इसकी शुरुआत हममें से हर एक से होती है। हज़ारों मील की यात्रा पहले कदम से शुरू होती है। यह एक बार में एक कदम होगा और यह एक कदम आपसे शुरू होता है। अगर आप अपने जीवन में वह पहला कदम उठा सकते हैं, तो आप हज़ारों मील की यात्रा पूरी कर सकते हैं। और हाँ, शांति संभव है!

क्या हम ऐसे समाज में रहते हैं जहाँ शांति को प्राथमिकता दी जाती है? या हम ऐसे समाज में रहते हैं जहाँ युद्ध को सही ठहराने की कोशिश की जाती है? कौन सा? क्या हम ऐसे समाज में नहीं रह सकते हैं, जहाँ हर दिन हर नागरिक का प्रयास दयालु होना हो?

हम देखते हैं कि यदि कोई हमारी पार्किंग की जगह पर कब्जा कर रहा है तो इस पर झगड़ा शुरू हो सकता है।

लोग कहते हैं कि इस दुनिया में इतना लालच है कि कभी शांति नहीं होगी।
लोग कहते हैं कि इस दुनिया में इतना गुस्सा है कि कभी शांति नहीं होगी।
लेकिन उन्होंने यह नहीं समझा कि हमारा स्वभाव क्या है।

दो भेड़िये

एक खूबसूरत घाटी में एक बस्ती थी। एक दिन एक छोटा लड़का मुखिया के पास गया और बोला- "मेरा आपसे एक सवाल है।" मुखिया ने पूछा, "क्या सवाल है?" लड़के ने कहा, "मुखिया जी! मैं देखता हूँ कि कुछ लोग कभी-कभी अच्छे होते हैं और वही लोग कभी-कभी बुरे हो जाते हैं। ऐसा कैसे हो सकता है? अगर कोई अच्छा है तो उसे हमेशा अच्छा ही रहना चाहिए। यह कैसे हो सकता है?" मुखिया ने जवाब दिया, "हमारे अंदर दो भेड़िये हैं। एक अच्छा भेड़िया और एक बुरा भेड़िया, वे आपस में लड़ते रहते हैं।"

लड़के ने इसके बारे में सोचा और फिर कहा, "मुखिया जी! फिर वे आपस में लड़ते क्यों हैं?" मुखिया ने कहा, "आपके ऊपर अधिकार जमाने के लिए।" लड़के ने सोचा और फिर पूछा, "मुखिया जी! कौन सा भेड़िया जीतता है – अच्छा भेड़िया या बुरा भेड़िया?" और मुखिया ने उत्तर दिया, "जिस भेड़िये को तुम ज्यादा खाना खिलाते हो।"

क्या आप अपने जीवन में शांति चाहते हैं? इसकी शुरुआत इसी बात से करें। अगर आप खुद को परेशान पाते हैं तो एक पल के लिए सोचें: "अच्छा भेड़िया या बुरा भेड़िया? उफ़, मैं बुरे भेड़िये को खाना खिला रहा हूँ। जब मैं बुरे भेड़िये को खाना खिलाता हूँ तो मुझे गुस्सा, भय, संशय और दर्द का इनाम मिलता है। जब मैं अच्छे भेड़िये को खाना खिलाता हूँ तो मुझे स्पष्टता और समझ का इनाम मिलता है और मेरा हृदय नाच उठता है।" अच्छे भेड़िये को खाना खिलाओ! यह सरल है और यह काम करता है। अगर हम अपनी प्रकृति को समझ सकें कि हम वास्तव में कौन हैं तो शायद हम अपने जीवन में बदलाव ला सकें।

अगर शांति हर जगह है तो मैं उसे महसूस क्यों नहीं कर पाता? अगर वह मेरी परछाई से भी ज्यादा मेरे क़रीब है तो हम उसे देख क्यों नहीं पाते?

क्योंकि हमारे पास इसे देखने के लिए आँखें नहीं हैं। आपको किस तरह की आँखों की ज़रूरत है? आपको एक बच्चे की निश्छल आँखों की ज़रूरत है।

प्रयास और अनुभव के साथ देखना, आलोचना की अपेक्षा के साथ नहीं। विचारों से नहीं, बल्कि अनुभूति से।

एक बार जब आप आज के महत्व को समझ जाते हैं तो आप 'अब' को समझना शुरू कर सकते हैं, क्योंकि यही वह जगह है जहां आप रहते हैं।

समय के नियमों के अनुसार, आपको आने वाले कल में जीने की अनुमति नहीं है। आपको बीते हुए कल में जीने की अनुमति नहीं है। आप केवल 'अब' में ही रह सकते हैं।

अपने जीवन में अस्तित्व के इस क्षण का स्वागत करें, क्योंकि यही शांति का पता है। शांति यहीं पर रहती है।

लोग सोचते हैं कि शांति पाने के लिए हमें सब कुछ त्यागना होगा।

इस बेकार के झूठ की शुरुआत किसने की? लोग कहते हैं, “मैं एक परिवार में रहता हूँ। मैं सब कुछ नहीं छोड़ सकता। मेरे पास घर है, मेरे बच्चे हैं, मेरी जिम्मेदारियाँ हैं, इसलिए मुझे शांति नहीं मिल सकती।” माफ करें ऐसा नहीं है!

आपको सब कुछ छोड़ने की ज़रूरत नहीं है। जब शांति आपके अंदर है तो बाहर क्या होता है, इससे कोई फर्क नहीं पड़ता।

हम जिस शांति की तलाश कर रहे हैं वह कहाँ है? हमारे अन्दर। लोग पूछते हैं कि वह कहाँ है? क्या किसी पहाड़ की चोटी पर है?

क्या आपको लगता है कि पहाड़ की चोटी पर शांति है? नहीं! जब तूफान आते हैं तो ये पहाड़ बहुत खतरनाक हो जाते हैं। लेकिन हम यह नहीं देखते कि शांति कहाँ है। वो हमारे अंदर है।

हम इस श्वास की शक्ति को भूल जाते हैं। इसलिए हम खोजने में लग जाते हैं। हम कोई किताब पढ़ने या किसी ख़ास जगह पर जाने की योजना बनाते हैं। लेकिन कुछ ऐसा हो रहा है जो बिल्कुल यहीं पर है, वो है – आपकी श्वास!

लोग शांति के लिए शोर मचा रहे हैं। शांति कोई विलासिता नहीं है। शांति उतनी ही ज़रूरी चीज़ है जितनी श्वास लेना, भोजन करना और सिर पर छत होना, क्योंकि ये इस धरती पर हर हृदय की बुनियादी ज़रूरतें हैं।

शांति कोई नई धारणा नहीं है। मानव जाति के इतिहास में जब से युद्ध चल रहे हैं, तब से एक आवाज़ उठती रही है जो बार-बार शांति की मांग करती रही है – सच्ची शांति, वास्तविक शांति! एक ऐसी शांति जिसका अनुभव हर व्यक्ति कर सकता है।

शांति एक ऐसी चीज़ है जो मनुष्य के हृदय से आती है, मन से नहीं।

क्या होता है जब कोई व्यक्ति शांति में होता है? विवेक पैदा होता है। सरलता आती है। सराहना आती है। कृतज्ञता आती है। यही होता है: एक-दूसरे की पहचान, यह पहचान कि मेरी ज़रूरत आपकी ज़रूरत जैसी ही है। यह ताक़त की बात नहीं है। यह विनाश की बात नहीं है। लेकिन यह उस चीज़ को संजोने

की बात है जो कीमती है। यह उस उपहार की सराहना करने की बात है जो हमें मिला हुआ है। यह जीवित रहने की बात है।

मैं चार साल की उम्र से ही, सार्वजनिक रूप से शांति के बारे में बात करता आ रहा हूँ। मेरी कोशिश रही है कि मैं शांति के बारे में बात करूँ। मेरी कोशिश रही है कि मैं जब भी किसी व्यक्ति को देखता हूँ तो उसे सिर्फ एक इन्सान के रूप में देखूं, न कि औरत, मर्द, गरीब, अमीर, भारतीय या अफ्रीकी के रूप में। जब मैं किसी को देखता हूँ, तो मैं सिर्फ एक मनुष्य को देखना चाहता हूँ।

दुनिया ने मुझसे कहा है, "नहीं, तुम्हें यह मालूम होना चाहिए कि वह ईसाई है, वह मुसलमान है, वह हिंदू है, वह अमेरिकी है, वह नेपाली है, वह श्रीलंकाई है, वह अफ्रीका से है, वह कनाडा से है।" अपने पूरे जीवन में मुझे किसी को ईसाई, मुसलमान, हिंदू, महिला या पुरुष, अमीर या गरीब आदमी के रूप में देखने से कोई भी अच्छाई नहीं मिली। इससे कुछ नहीं होता! कुछ भी नहीं!

जब मैं लोगों को देखता हूँ, तो मुझे उनके प्रति प्रेम महसूस होता है क्योंकि वे इन्सान हैं। यदि श्वास अन्तर नहीं कर रही है, तो मैं कौन होता हूँ अन्तर करने वाला? वही श्वास सबमें आ रही है जो मुझमें आ रही है।

हर किसी के पास शांति न होने का कोई न कोई कारण होता है। कुछ लोगों के पास दो, तीन, चार, पाँच या शायद सैकड़ों कारण हो सकते हैं।

क्या आप जानते हैं कि मेरे पास इस बात के कितने कारण हैं कि शांति होनी चाहिए? मेरे पास आठ अरब कारण हैं कि शांति क्यों होनी चाहिए, क्योंकि इस धरती पर हर व्यक्ति शांति से रहना चाहता है।

हमारे अंदर कुछ ऐसा है जो कहता है, "आपको अपने जीवन में शांति की आवश्यकता है।" आप इसे कोई भी नाम दे सकते हैं। यह सिर्फ शब्दों का फेर है। आप इसे "शांति" कह सकते हैं। आप इसे "प्रसन्नता" कह सकते हैं। आप

इसे "खुशी" कह सकते हैं। आप इसे "आनन्द" कह सकते हैं। इससे कोई फर्क नहीं पड़ता। लेकिन वह शांति हममें से हर एक के अंदर है।

मनुष्य होने के नाते, हमारी एक ज़रूरत है – समाज द्वारा बनाई गई ज़रूरत नहीं, बल्कि वह है एक बुनियादी ज़रूरत, शांति व संतुष्टि की। "शांति" शब्द का इस्तेमाल करना आसान है। लेकिन शांति क्या है? क्या यह सिर्फ हवा की साँय-साँय सुनना है? जहाँ कोई ट्रैफ़िक नहीं? कोई हवाई जहाज़ या ट्रेन की आवाज़ नहीं?

या फिर शांति एक अनुभव है। एक ऐसी भावना जिसे नकारा नहीं जा सकता, जो विचारों से पैदा नहीं होती। हमारे पास जो कुछ भी आता है, वह विचार से ही पैदा होता है। हमें अच्छी ख़बर मिलती है और हम सोचते हैं, "चीज़ें मेरे हिसाब से चल रही हैं।" हमें बुरी ख़बर मिलती है और हम सोचते हैं, "मेरे साथ ऐसा क्यों हो रहा है?"

हमें परेशान होने में ज्यादा समय नहीं लगता। ऐसा प्रायः तब होता है जब हम ट्रैफ़िक में होते हैं और कोई हॉर्न बजाता है। आपका बेटा या बेटी आपसे

कहते हैं, "मैं फेल हो गया," और आप परेशान हो जाते हैं। तो शांति क्या सिर्फ परेशान न होना ही है?

शांति क्या है? यहाँ जीवित होने का क्या मतलब है?

श्वास – इस श्वास का आना और जाना। यह न जाने कहां से आती है और न जाने कहां जाती है। यह श्वास जीवन का उपहार देती है। इससे आप जीवित रह सकते हैं। आप प्रशंसा कर सकते हैं। आप इस बात के लिए आभारी हो सकते हैं कि आप जीवित हैं। आपमें दयालुता महसूस करने और दया करने की क्षमता है। आप जान सकते हैं कि सब कुछ ठीक है।

शांति आपके अंदर है, तो फिर आप उसे बाहर क्यों ढूँढ़ते हैं? क्या आप वाक़ई शांति की तलाश में हैं या फिर किसी कल्पना के साकार होने का इंतज़ार कर रहे हैं। क्या आप अपने जीवन में असली शांति चाहते हैं?

या फिर आप बस यही दोहराना चाहते हैं- "मैं शांति में हूँ। मैं शांति में हूँ। मैं शांति में हूँ। मैं शांति में हूँ।" आप क्या चाहते हैं– वह शांति जो आपके हृदय में नाचती है या सीने पर लगा एक बिल्ला जो कहता हो- "मैं शांति में हूँ।" अगर आप एक बैज, टी-शर्ट या टैटू चाहते हैं जिसमें लिखा हो- "मैं शांति में हूँ" तो मैं आपकी मदद नहीं कर सकता। मेरे पास वह शांति नहीं है। आपको कौन सी शांति चाहिए?

हर किसी के मन में यूटोपिया (एक काल्पनिक सुन्दर जगह) की कल्पना होती है। चाहे वह हमारे घरेलू जीवन में हो, हमारे व्यवसाय में हो या इस दुनिया में हो। जब भी शांति की बात आती है, यूटोपिया का विचार उभर कर सामने आ जाता है। लेकिन "यूटोपिया" शब्द दो ग्रीक शब्दों से बना है जिसका अर्थ है: "नहीं" और "स्थान"। इस शब्द का वास्तविक अर्थ है: "कहीं नहीं।" यह कहीं भी मौजूद नहीं है! एकमात्र जगह जहाँ आप वास्तव में यूटोपिया को पा सकते हैं – वह आपके अंदर है। कहीं बाहर नहीं। आपके अंदर! और श्वास आपको हर दिन इस यूटोपिया का अनुभव करने के लिए बुला रही है।

शांति क्या है? क्या शांति कोई विचार है? यूटोपिया है? क्या वो काल्पनिक सुन्दर जगह है जहां हर कोई नाच रहा होगा? हर किसी के बालों में फूल होंगे? कोई बहस नहीं करेगा? पार्किंग में कोई समस्या नहीं होगी?

यह शांति नहीं है!

आपके अंदर सब कुछ जो अच्छा है वह शांति है। शांति आपके अंदर का सुकून है। शांति आपके अंदर की दयालुता है। शांति आपके अंदर की सरलता है। शांति आपके अंदर की समझ है। शांति आपके अंदर की प्रशंसा है। शांति आपके हृदय की रोशनी है। शांति आपके अंदर की सराहना है। शांति आपके अंदर का आनन्द है। शांति आपके अंदर का अविनाशी है। शांति आपके अंदर मौजूद कृपा को स्वीकार करना है। शांति आपके अंदर स्वाँसों का आना-जाना है। शांति वह सुंदरता है जो स्वयं आप हैं।

कल के बारे में आपको बताना एक अनुमान लगाने जैसा है। लेकिन मैं आपको बता दूँ कि इस पल में क्या हो रहा है – श्वास आपके अंदर आई, आ रही है, जा रही है और आप जीवित हैं।

चूँकि आप जीवित हैं, इसलिए आप बहुत सी भावनाएँ महसूस कर सकते हैं, उनमें से एक भावना सर्वोच्च है जिसे आनन्द कहते हैं।

आप बहुत सी स्थितियों में हो सकते हैं, उनमें से एक स्थिति सबसे अच्छी है और वह है: स्पष्टता की स्थिति।

इस क्षण में आपके लिए जितनी भी संभावनाएं हो सकती हैं, उनमें से एक ही संभावना सबसे अच्छी है और वह है – संतोष, शांति।

आपके पास जीवन को महसूस करने, अपनाने तथा अपनी प्रत्येक श्वास के मूल्य को समझने की अपार संभावना है।

लोग तुरंत कहते हैं: "अगर मैं अपनी श्वास के मूल्य को स्वीकार करने में लगा रहूंगा तो मेरे पास किसी और चीज़ के लिए समय नहीं होगा!" क्या आपने इसका अनुभव किया है?

या फिर यह कोई आवाज़ है जो आपके दिमाग़ में आती है- “नहीं! यह नहीं हो सकता। शांति? वो तो असंभव है!”

यह बात कहाँ से आयी? क्या यह कहीं आसमान पर लिखा था? क्या यह सब उस सेब पर छपा था जिसे आपने खाया था? यह किसने कहा?

आप भूल गए हैं कि यह कितना अद्भुत है कि आप यहाँ, इस धरती पर, अकेले नहीं बल्कि शांति के साथ आये हैं। आप आशा, समझ और विवेक के साथ आए हैं।

लेकिन ये ऐसी बातें हैं जिन पर हम चर्चा नहीं करते। इसके बजाय हम बार-बार अपनी समस्याओं पर चर्चा करते हैं। समाधान कहां है? समाधान खूबसूरती से, आपके अंदर ही है। आप जो खोज रहे हैं, वह आपके अंदर ही है। अगर आप इसे समझ सकें तो आपका जीवन बदल जाएगा।

लोग पूछते हैं, "मुझे शांति कैसे मिलेगी?" शांति आपको उसी तरह मिलेगी जैसे आपने जुनून से हर चीज़ को प्राप्त किया है।

शांति से प्यार करना शुरू करें। शांति को अपने जीवन में प्राथमिकता दें और आप इसे पा लेंगे।

अच्छी ख़बर यह है कि यह संभव है। अच्छी ख़बर यह है कि यह आपके अंदर है। मुश्किल बात है कि क्या आपके पास जुनून है? यही मुश्किल बात है। यही मुश्किल बात है। जीवन से प्यार करें।

और जीवन से प्रेम करना सबसे महान् कार्य है जो एक मनुष्य कर सकता है।

3. मानवता की सर्वश्रेष्ठ उपलब्धि

दुनिया को शांति की ज़रूरत नहीं है; बल्कि लोगों को शांति की ज़रूरत है। जब दुनिया के लोग अंदर से शांत होंगे तो दुनिया भी शांत होगी।

लोग किसी ऐसे फ़रिश्ते के आने का इंतज़ार कर रहे हैं जो उनकी समस्याओं को ठीक करे। मैं लोगों से कहता हूँ: "फ़रिश्ता आ गया है!" क्या आप जानते हैं, फ़रिश्ता आ गया है? आप जानते हैं कि वो फ़रिश्ता कौन है? आप! आप ही वह फ़रिश्ता हैं जो अपना जीवन बदल सकते हैं।

बहुत से लोग कहते हैं, "ओह! यह कभी नहीं होगा। इस दुनिया में बहुत ज्यादा लालच है।" मुझे आपसे कुछ कहना है। क्या आप चाँद पर मनुष्य के

मिशन के बारे में जानते हैं? क्या आप जानते हैं कि यह कैसे सम्भव हुआ? यह उन लोगों की वजह से सम्भव नहीं हुआ, जिन्होंने कहा कि यह नहीं हो सकता। यह उन लोगों की वजह से सम्भव हुआ, जिन्होंने कहा कि यह हो सकता है। इसीलिए ऐसा हुआ। जब आप अपने जीवन से, अपने अस्तित्व से प्यार करते हैं, तभी आप दूसरे लोगों के अस्तित्व का सम्मान करना शुरू करते हैं। आज दुनिया में ऐसा नहीं है। इसे बदलने की ज़रूरत है। और यह बुनियादी बदलाव दुनिया से शुरू नहीं होगा। यह इस धरती पर मौजूद हर एक इन्सान से शुरू होगा।

सरकारें नहीं, बड़ी संस्थाएं नहीं, पुलिस नहीं, सेना नहीं, बल्कि इस शांति के लिए जब प्रत्येक मनुष्य जिम्मेदारी लेगा, तभी कोई बदलाव आयेगा।

शांति का सागर आपके अंदर ही रहता है। नहर नहीं, झील नहीं, बाथटब नहीं, बल्कि शांति का सागर! हम उस शांति को क्यों महसूस नहीं करते? क्योंकि हम अपने आपको नहीं जानते।

जब से हम जीवन के इस पथ पर यात्रा कर रहे हैं, हम चक्कर लगाते हुए बार-बार एक ही चौराहे पर पहुँच जाते हैं। हमें एक नक्शे की ज़रूरत है। क्या आप जानते हैं कि नक्शे का नाम क्या है? "अपने आपको जानो।" नक्शा वो कागज़ का टुकड़ा है जिस पर लिखा रहता है, "आप यहाँ हैं और आप वहाँ जाना चाहते हैं।"

इस धरती पर शांति पाना मुश्किल नहीं है। मुश्किल है लोगों के लिए यह पहचानना कि वे कौन हैं। क्योंकि एक बार वे अपने आपको पहचान लेंगे तो शांति अपने आप आ जाएगी। यह कोई मुद्दा नहीं होगा। मुद्दा यह जानना है कि आप कौन हैं।

एक श्वास अंदर आती है, एक श्वास बाहर जाती है और आप खुद को जीवित पाते हैं। आप क्या महसूस कर सकते हैं, क्या व्यक्त कर सकते हैं, क्या जान सकते हैं, क्या समझ सकते हैं, आप कौन हो सकते हैं, इसका दायरा अनन्त है। इसकी कोई सीमा नहीं है। यह हृदय की दुनिया है। यह जानने की दुनिया है। यह उन लोगों की दुनिया है जिन्होंने अपना सम्मान करना सीख लिया है और दूसरों को सम्मान देने में उन्हें कोई समस्या नहीं है।

जब वह दिन आयेगा तो यह दुनिया बदल जाएगी। हम दोस्त इसलिए नहीं हैं कि हम दोनों एक ही भाषा बोलते हैं। बल्कि हम इसलिए दोस्त हैं, क्योंकि तुम भी जीवित हो और मैं भी जीवित हूँ।

यदि आप अपने जीवन में शांति चाहते हैं तो जान लें कि शांति आपसे दूर नहीं है, न कभी दूर रही है, क्योंकि यह हर एक मनुष्य के हृदय में नृत्य करती है।

एक दुनिया आपका इंतज़ार कर रही है। ऐसी दुनिया जिसे आप बनाते हैं और उसका हिस्सा बनते हैं। एक ऐसी दुनिया जो आपका आदर करती है। एक ऐसी दुनिया जो आपको समझती है। एक ऐसी दुनिया जो हर चीज़ पर लेबल नहीं लगाती। एक ऐसी दुनिया जो जब तक यह धरती मौजूद है, आप जैसे इन्सानों की आने वाली पीढ़ियों का स्वागत करती रहेगी। जीवन में जब आप कृतज्ञता, दयालुता, शांति और आनन्द से भरे रहते हैं, तो आप अपने जीवन के बाक़ी समय में भी वैसे ही बने रहना चाहते हैं।

हर साल सरकारें विफल होती हैं। वे विफल क्यों होती हैं? लोग जिम्मेदारी नहीं लेते। वे जिम्मेदारी एक व्यक्ति को सौंप देते हैं: "आप इसका ख्याल रखें!"

अब समय आ गया है कि इसे बदला जाए। अब समय आ गया है कि इस धरती के हर नागरिक को सभी मनुष्यों, पशु-पक्षियों, जीव-जन्तुओं और प्राणियों की भलाई की जिम्मेदारी लेने की ज़रूरत है।

किसी और के सिर पर यह जिम्मेदारी थोपना अब तक कारगर नहीं रहा है, लेकिन हम ऐसा ही करते रहते हैं। हमारी जिम्मेदारियां क्या हैं? आपकी जिम्मेदारी क्या है? आपकी जिम्मेदारी इन्सान बनना है। इन्सान बनने का क्या मतलब है? एक ऐसा व्यक्ति जो शांति की सुंदरता को महसूस करता है।

शांति मानव जाति की सर्वश्रेष्ठ उपलब्धि होगी। रॉकेट नहीं, तकनीक नहीं, बल्कि शांति! इसे संभव बनाने में हम सभी को अपनी भूमिका निभाने की ज़रूरत है।

युद्ध और सारी अराजकता का स्रोत कहां है? हमारे अंदर! ओह! तो शांति भी हमारे अंदर है, और अशांति भी हमारे अंदर है? हाँ! अंधकार हमारे अंदर है और प्रकाश भी हमारे अंदर है।

मजे की बात यह है कि दुनिया ने अंधकार, संघर्ष, लोभ, अचेतन अवस्था को तो पा लिया है। अगर आप अपने अंदर क्रोध को खोज सकते हैं, अगर आप अपने अंदर संदेह को खोज सकते हैं, तो आप अपने अंदर मौजूद स्पष्टता का अनुभव करने में भी पूरी तरह सक्षम हैं।

अगर हम युद्ध शुरू करने में सक्षम हैं, तो हम इस दुनिया में सबकी परवाह करने, एक-दूसरे का आदर करने, स्पष्टता लाने और शांति लाने में भी काफ़ी सक्षम हैं। क्योंकि यह बस सिक्के का दूसरा पहलू है।

अज्ञान और ज्ञान साथ-साथ रहते हैं! स्पष्टता और संदेह साथ-साथ रहते हैं। जीवन और मृत्यु पड़ोसी हैं, एक-दूसरे के बिल्कुल बगल में रहते हैं। अंधकार और प्रकाश पड़ोसी हैं। वे कितने क़रीब हैं? एक को हटाओ तो दूसरा तुरंत वहाँ आ जाएगा! ज्यादा समय नहीं लगता।

आशा, खुशी, स्पष्टता, समझ... ये सब एक तरफ हैं। संदेह, भय, दुख, अज्ञानता दूसरी तरफ हैं। आप किस तरफ जाएंगे?

जब मैं एक मनुष्य के खिलाफ़ दूसरे मनुष्यों को हिंसा करते हुए देखता हूँ तो मुझे हमेशा धक्का लगता है। आखिर ऐसा क्या गलत हुआ कि दूसरे इन्सान की जान की कोई कीमत नहीं रही? कुछ तो बहुत गलत हुआ।

किसी न किसी मोड़ पर हमें यह निर्णय लेना ही होगा: "बस और नहीं!" हमें बदलना होगा। "मैं" को भूल जाओ और "हम" को लाओ। हम सब! यह "मैं" की मानसिकता बहुत ज्यादा है। समय के साथ लोग "मैं, मैं, मुझे दे दो, मुझे दे दो," पर आ गए हैं। हमने अब तक "मैं" की कोशिश की है, लेकिन यह इतना सफल नहीं रहा।

अब समय आ गया है कि हम "मैं" को "हम" में बदल दें। हम सभी इस धरती पर हैं। हम सभी को यह समझने की ज़रूरत है कि जीवित रहने का क्या मतलब है। हम सभी को एक-दूसरे की मदद करने की ज़रूरत है। हमें एक-दूसरे को मारने के साधन नहीं बनाने चाहिए, हमें एक-दूसरे की मदद करने के तरीके खोजने चाहिएं।

इसके लिए चेतना में बदलाव की आवश्यकता है। "मैं" नहीं बल्कि "हम" और "हम" इस धरती पर मौजूद हर व्यक्ति है। क्योंकि यही एकमात्र समाधान है जिसे हमने आज़माया नहीं है।

क्या मनुष्य के हृदय में शांति और गरिमा की लाइट जलाना संभव है? स्विच कहां है? यही समस्या है। यह एक स्विच नहीं है; ये आठ अरब स्विच हैं और हर एक को ऑन करने की ज़रूरत है। क्या यह किया जा सकता है? हाँ!

शांति कोई ऐसी चीज़ नहीं है जिसे बनाने की ज़रूरत है। शांति कोई ऐसी चीज़ नहीं है जो ढेर सारी गतिविधियों का नतीजा हो। हमारी सारी समस्याओं, हमारे सारे युद्धों, हमारी सारी परेशानियों के बावजूद, हर एक इन्सान के अंदर शांति है। यह पहले से ही मौजूद है।

हाथी का बन्धन

एक आदमी था जिसने कभी हाथी नहीं देखा था। उसे एक गाँव के बारे में पता चला जहाँ बहुत बड़े हाथी थे, और वह वहाँ गया। वह बहुत ही आश्चर्यचकित था क्योंकि उसने पहले कभी हाथी नहीं देखे थे। लेकिन उसे और भी अधिक आश्चर्य इस बात पर हुआ कि हाथियों के पैरों में एक बहुत पतली रस्सी बंधी हुई थी।

इतने बड़े हाथी इतनी पतली, कमज़ोर रस्सियों से कैसे अपनी जगह पर टिके रह सकते हैं! यह सोचकर वह मुखिया के पास गया और बोला, "ये हाथी बहुत शक्तिशाली हैं। हैं ना!" "हाँ, बहुत-बहुत शक्तिशाली हैं" मुखिया ने उत्तर दिया। "तो फिर इतने बड़े, शक्तिशाली और ताकतवर जानवर को सिर्फ इस छोटी-सी रस्सी से कैसे रोका जा सकता है?"

मुखिया ने समझाया, “जब ये हाथी छोटे थे, तो हम इन्हें इन छोटी रस्सियों से बाँधते थे। ये हिलने की कोशिश करते थे लेकिन हिल नहीं पाते थे। जैसे-जैसे ये बड़े होते गए, हमने इन्हें उन्हीं छोटी रस्सियों से बाँधे रखा। अब ये बड़े और ताक़तवर हो गए हैं, तो उन्होंने कोशिश करना बंद कर दिया है और उन्हें लगता है कि यह छोटी-सी रस्सी अभी भी उन्हें बाँधकर रख सकती है। बेशक, अगर वे कोशिश करते तो ये रस्सी इतने शक्तिशाली जानवर को रोक नहीं पाती। लेकिन हाथियों ने कोशिश करना छोड़ दिया है।”

मैंने यह कहानी क्यों सुनाई? क्योंकि एक तरह से यही हो रहा है। आप अपनी सभी समस्याओं से बहुत बड़े हैं। लेकिन ये समस्याएँ आती हैं। वे आपको पीछे खींचती हैं और आपको अपनी शक्ति का एहसास नहीं होता। आपको अपनी ताक़त का एहसास नहीं होता कि एक इन्सान के रूप में, आपके अंदर इन बाधाओं से आगे निकलने की ताक़त है।

हम पृथ्वी के सभी लोग इस धरती के भाग्य के लिए जिम्मेदार हैं। हम अपनी समस्याओं को हल करने के लिए नेताओं की ओर देखते हैं। हमें नेताओं पर नहीं, बल्कि खुद पर भरोसा करना चाहिए। हम सभी लोग एक-दूसरे की उम्मीद बनकर आयें। हम सब एक-दूसरे की राह में उजाला लेकर आयें।

युद्ध की कोई वजह नहीं होती है। युद्ध तो कोई विकल्प भी नहीं होना चाहिए! बातचीत करें, आपसी मतभेदों को सुलझाएँ। अपने कारण या अन्य किसी कारण से दूसरे व्यक्ति की हत्या करना, इस समय में, इस युग में या कभी भी स्वीकार नहीं किया जा सकता।

सरल बनो और गरिमा का अनुभव करो। सरल बनो और देखो कि वास्तविकता क्या है। यह वही सूरज है जो अरब में चमकता है, जो भारत में चमकता है, जो मलेशिया में, ऑस्ट्रेलिया में, अमेरिका में, कनाडा में, दक्षिण अमेरिका में – हर जगह चमकता है! यह वही सूरज है। हम एक ही सुन्दर ग्रह पर रहते हैं।

दुनिया हमें मतभेद सिखाती है। मैं समानताओं की ओर ध्यान दिलाना चाहता हूँ। क्योंकि तब हम सभी उस गरिमा को महसूस कर सकते हैं। हम सभी उस सादगी को महसूस कर सकते हैं। हम सभी एक-दूसरे के बोझ को महसूस कर सकते हैं, एक-दूसरे के दर्द को महसूस कर सकते हैं और एक-दूसरे के जुनून में भागीदार हो सकते हैं। यही सभ्यता है।

प्रत्येक व्यक्ति के अन्दर, हृदय वह स्थान है, जहाँ शांति के नृत्य की ज़रूरत है। इसके लिए इच्छाओं की नहीं बल्कि दृढ़-संकल्प की आवश्यकता है। इसके लिए परिभाषाओं की नहीं, बल्कि स्पष्टता की आवश्यकता है। अगर हम चाँद पर जा सकते हैं, तो निश्चित रूप से हर व्यक्ति के लिए अपने हृदय तक की सबसे छोटी दूरी, तय करना संभव होना चाहिए ताकि हम सब अपने अंदर मौजूद खुशी को पा सकें।

हम विवेक और ज्ञान के बीच का अंतर समझें। ज्ञान प्राप्त करें, लेकिन उस ज्ञान का समझदारी से उपयोग भी करें। ज्ञान होना बहुत अच्छी बात है। उस ज्ञान का अभ्यास करना ही विवेक है।

इस दुनिया में बहुत सारी तकनीकी जानकारी है, लेकिन विवेक के बिना हम इसका प्रयोग एक-दूसरे को मारने के लिए कर रहे हैं। इसका यदि समझदारी से प्रयोग करें तो यह, ग्लोबल वार्मिंग के प्रतिकूल प्रभावों को बदलने में मददगार हो सकती है। इसका समझदारी से इस्तेमाल करें तो यह ध्रुवीय भालुओं की मदद कर सकती है, जो अपना रिहाइशी इलाका खो रहे हैं। इन्सानों ने जो गलतियाँ की हैं, उन्हें तकनीक द्वारा बदला जा सकता है, अगर इसका समझदारी से इस्तेमाल किया जाए।

आपको अपने अन्दर परानुभूति (खुद को दूसरे के स्थान पर रखकर उसके अनुभव को महसूस करना) हासिल करने की ज़रूरत है, न कि सहानुभूति की। परानुभूति। अगर कोई चीज़ युद्धों को रोक सकती है, तो वह है परानुभूति। लोग अब इसका प्रयोग नहीं करते। इसका अर्थ है: खुद को दूसरे व्यक्ति के स्थान पर रखकर देखना। इसका मतलब यह नहीं है कि आप उनसे सहमत हैं।

इसका मतलब यह नहीं है कि आप उनसे असहमत हैं। जो ज़रूरी है, वो है: बस उनके दृष्टिकोण को समझने में सक्षम होना।

हम उनके दृष्टिकोण को नहीं देखते इसीलिए हम भगवान के नाम पर लड़ते हैं। हम धर्म के नाम पर लड़ते हैं। हम शांति के नाम पर लड़ते हैं। हम आनन्द के नाम पर लड़ते हैं।

हम उन सभी चीज़ों के नाम पर लड़ते हैं जिन्हें इस धरती पर हमेशा से अनमोल माना गया है। वे लड़ाई के विषय बन गए हैं, जबकि उन्हें हमारे समाज के लिए बचाव का विषय होना चाहिए। न केवल एक-दूसरे के साथ संवेदना रखना बल्कि उन जानवरों के साथ भी संवेदना रखना, जो अपना आशियाना खो रहे हैं।

मैं देख रहा हूँ कि इस दुनिया में क्या हो रहा है और जो हो रहा है, वो अच्छा नहीं है। अब समय आ गया है कि हम इसे बदलें। बदलाव की शुरुआत सिर्फ

हमसे ही हो सकती है। अभी हम चाहते हैं कि बदलाव की शुरुआत दूसरे लोगों से हो, हमसे नहीं।

ऐसा इसलिए है क्योंकि हम नहीं जानते कि हम कौन हैं। हम भी उनके जैसे ही हैं। खुद को जानना बहुत महत्वपूर्ण है।

इसका फायदा किसे होगा? हमें फायदा होगा। हमारी आने वाली पीढ़ियों को फायदा होगा। उनके बच्चों और नाती-पोतों को फायदा होगा। यह दुनिया एक ऐसी जगह हो सकती है जिसे वे गर्व से अपना कह सकें। मुझे इस बात का पक्का विश्वास है। अगर हम वाक़ई ऐसा चाहते हैं, तो यह हो सकता है।

4. घर की ओर वापसी

मेरी रणनीति बहुत सरल है: अपने साथ शांति में रहना। यह सिर्फ आप हैं। इसमें कोई और शामिल नहीं है। आप अपने साथ शांति में रहें। और आप अपने साथ शांति में कैसे रह सकते हैं? स्वयं की यात्रा करके! आपको खुद को जानना चाहिए।

एक बार जब आप खुद को जान लेते हैं, तो आपको स्वयं पर विजय प्राप्त करनी चाहिए। अपने पड़ोसी या किसी और पर नहीं, बल्कि स्वयं पर विजय।

जब आप खुद पर विजय प्राप्त कर लेते हैं, तब आप खुद के साथ शांति में रह सकते हैं। और जब आप खुद के साथ शांति में होते हैं, तब आप दुनिया के

साथ शांति स्थापित करते हैं। जब बहुत सारे लोग खुद के साथ और दुनिया के साथ शांति स्थापित कर लेते हैं, तब विश्व शांति नज़र आने लगती है।

जब युद्ध होता है, तो निर्दोष लोग मारे जाते हैं। उसी तरह, जब आप खुद से युद्ध कर रहे होते हैं, तो आपके जीवन के निर्दोष पलों का वध किया जाता है।

जीवन का हर पल मासूम होता है। जब वह आपके पास आता है तो वह एक मासूम बच्चे की तरह होता है। वह आपके लिए केवल संभावनाएँ लेकर आता है।

आप इस पल को ढाल सकते हैं। आप इसे मोड़ सकते हैं। आप इसे नष्ट कर सकते हैं। आप चाहें तो इस पल से एक राक्षस बना सकते हैं। या आप इस पल को अपने साथ सबसे कोमल, मधुर समय के रूप में बिता सकते हैं – उस एहसास का अनुभव करके जो हृदय को भर देता है और कृतज्ञता की भावना को सामने लाता है।

शांति संभव है, लेकिन इस युद्ध को जीतने के लिए रणनीति की ज़रूरत है। और हम एक बहुत ही ख़ास रणनीति बनाने जा रहे हैं। हम वहां सिर्फ अनमने ढंग से नहीं जाने वाले हैं। क्योंकि जिस दुश्मन के बारे में हम बात कर रहे हैं, वह काफ़ी समय से हमारे आसपास है, सचमुच बहुत लंबे समय से है।

क्रोध, डर, घृणा ये आपसे बहुत पहले से यहाँ मौजूद हैं। बहुत से लोगों ने इनसे लड़ने की कोशिश की है। और वे जीत नहीं पाए। मेरी रणनीति खून की एक बूँद बहाए बिना भी, इनको जीतना है।

आप युद्ध का मैदान हैं। आप ही दुश्मन हैं। और आपको विजेता बनना है। इसलिए खून की एक बूँद भी नहीं गिरनी चाहिए। क्योंकि यह आपका खून होगा। किसी और का खून नहीं। स्पष्टता के इस शक्तिशाली हथियार के साथ जीतो, बस जीतो! क्या आप जानते हैं कि संदेह नामक दुश्मन ने कितने लोगों को मारा है? आप संदेह से कितना डरते हैं?

खुद को जानना इस रणनीति का सबसे बड़ा हिस्सा है। क्योंकि अगर आप खुद को नहीं जानते, तो आप कभी नहीं जान पाएंगे कि आप कितने शक्तिशाली हैं। आपको लग सकता है कि आप बहुत कमज़ोर हैं।

लेकिन आप कभी नहीं जान पाएंगे कि आप कितने ताक़तवर हैं। इस युद्ध को लड़ने के लिए आपको तैयार रहना होगा। ख़ासकर तब, जब आप नहीं चाहते कि कोई खून-खराबा हो।

अनुशासन की ज़रूरत है। किस तरह का अनुशासन? आनन्द का प्रबल प्रशंसक बनना। सुंदरता का प्रबल प्रशंसक बनना। पहचानने वाला बनना। आपके जीवन की सबसे बड़ी यात्रा बिना बदलाव वाली यात्रा है। यह आपकी खुद की ओर, आपके घर की ओर वापसी की यात्रा है।

परन्तु तुम बदल चुके हो। तुम एक बच्चे जैसे हृदय से कितनी दूर हो? तुम कितने बदल गए हो, इस रणभूमि में खो गए हो, घायल हो गए हो, टूट गए

हो? घर वापस जाओ। अंदर जाओ और उस दिव्य आनन्द और सुंदरता का अनुभव करो। सबसे शुभ क्या है, ये पहचानना सीखो।

कभी-कभी, आप घर से बहुत दूर चले जाते हैं। लेकिन आपका घर अभी भी वहीं है। अगर आप जीवित हैं, तो श्वास आपसे कह रही है, "घर जाओ।" जब आप अपना घर छोड़कर गए तो आपने घर की समझदारी भी छोड़ दी। आपको इसके लिए खुद को माफ करना होगा। उस माफी के साथ आप घर वापस आ सकते हैं।

आपके घर में शांति है। आपके घर में ज्ञान है। आपके घर में स्पष्टता है। आपके घर में प्रकाश है। आपके घर में आनन्द है। आपके घर में संतुष्टि है। लेकिन एकमात्र व्यक्ति जो घर पर नहीं है, वह आप हैं! इसलिए घर आ जाइए।

यात्री अपनी मंजिल पर पहुंचने पर राहत महसूस करते हैं। यह वैसा ही है जैसे आप जब घर वापस आ जाते हैं या जब आपको वह मिल जाता है, जिसकी आपको तलाश है। यहां तक कि जब आपको पता भी नहीं होता कि आप किसे ढूंढ़ रहे हैं, और जब आपको वह मिल जाता है तो आप तुरंत समझ

जाते हैं और कहते हैं, "यही है! यही है जिसकी मुझे तलाश थी।" आपको बहुत सुकून का एहसास होता है।

स्वयं की यात्रा ही आपकी अपनी यात्रा है। जब आप घर वापस आएंगे तो आप दुनिया के बदले हुए स्वरूप को देखेंगे। दुनिया आपके लिए शांति नहीं लाएगी। आपको दुनिया के बीच रहकर शांति स्थापित करनी होगी।

लेखक के बारे में

वर्ष 1957 में जन्मे, **प्रेम रावत** के पास जीवन की अपनी असाधारण यात्रा का 55 से अधिक वर्षों का अनुभव है। एक विलक्षण प्रतिभासम्पन्न बालक से, 70 के दशक के एक किशोर मशहूर हस्ती से, अन्तर्राष्ट्रीय शांति दूत तक की अपनी यात्रा में प्रेम ने करोड़ों लोगों को असाधारण स्पष्टता, प्रेरणा और जीवन की गहरी सीख दी है।

अब अमेरिका में बसे हुए, दि प्रेम रावत फाउन्डेशन के संस्थापक प्रेम, जीवन के हर क्षेत्र के लोगों के साथ कार्य करते हैं और उन्हें दिखाते हैं कि उन्हीं के अंदर मौजूद, उनकी शांति के स्रोत का अनुभव वे कैसे कर सकते हैं। उनका वैश्विक प्रयास सौ से अधिक देशों में फैला है, जो एक-एक व्यक्ति को आशा, खुशी और शांति का व्यावहारिक संदेश प्रदान करता है।

उनकी किताब *स्वयं की आवाज़* ने बिक्री के नये कीर्तिमान स्थापित किये। इसके साथ-साथ वे 14000 घंटों की उड़ान के अनुभव के साथ एक पायलट, एक फोटोग्राफर और पुरानी कारों के नवीनीकरण का भी शौक रखते हैं। उनके चार बच्चे और चार नाती-पोते हैं।

www.premrawat.com

HarperCollins *Publishers* India

At HarperCollins India, we believe in telling the best stories and finding the widest readership for our books in every format possible. We started publishing in 1992; a great deal has changed since then, but what has remained constant is the passion with which our authors write their books, the love with which readers receive them, and the sheer joy and excitement that we as publishers feel in being a part of the publishing process.

Over the years, we've had the pleasure of publishing some of the finest writing from the subcontinent and around the world, including several award-winning titles and some of the biggest bestsellers in India's publishing history. But nothing has meant more to us than the fact that millions of people have read the books we published, and that somewhere, a book of ours might have made a difference.

As we look to the future, we go back to that one word—a word which has been a driving force for us all these years.

Read.